T0068367

THE EVERYTHING® EASY LARGE-PRINT WORD SEARCH BOOK VOLUME 7

Dear Reader,

I think that sometimes simpler is better. That's why I love word search puzzles. You don't need to login, download, swipe the screen, or call tech support. The only power required here is from your brain as it gets a healthy workout. Word search puzzles are a refreshing change in today's hi-tech world.

I had a blast creating this book for you. Each puzzle has a theme and there is a wide range of topics. Loads of relevant words have been hidden in each grid. It will take you a while to complete each puzzle. But with enough dedication, all of the words can be found—there are no stumpers here! To make the solving more pleasant, we've used large print that is easy on the eyes.

So grab this book whenever you want some brain-boosting fun. All that's needed is a pencil (or pen) and a bit of free time. Happy searching!

Charles Timmerman

Welcome to the EVERYTHING Series!

These handy, accessible books give you all you need to tackle a difficult project, gain a new hobby, comprehend a fascinating topic, prepare for an exam, or even brush up on something you learned back in school but have since forgotten.

You can choose to read an Everything® book from cover to cover or just pick out the information you want from our four useful boxes: e-questions, e-facts, e-alerts, and e-ssentials. We give you everything you need to know on the subject, but throw in a lot of fun stuff along the way, too.

We now have more than 400 Everything® books in print, spanning such wide-ranging categories as weddings, pregnancy, cooking, music instruction, foreign language, crafts, pets, New Age, and so much more. When you're done reading them all, you can finally say you know Everything®!

PUBLISHER Karen Cooper
MANAGING EDITOR, EVERYTHING® SERIES Lisa Laing
COPY CHIEF Casey Ebert
ASSISTANT PRODUCTION EDITOR Jo-Anne Duhamel
ACQUISITIONS EDITOR Lisa Laing
EVERYTHING® SERIES COVER DESIGNER Erin Alexander

Visit the entire Everything® series at *www.everything.com*

THE EVERYTHING® EASY LARGE-PRINT WORD SEARCH BOOK

VOLUME 7

More than 100 new easy-to-read puzzles

Charles Timmerman
Founder of Funster.com

Adams Media
New York London Toronto Sydney New Delhi

Adamsmedia
Adams Media
An Imprint of Simon & Schuster, Inc.
100 Technology Center Drive
Stoughton, MA 02072

Copyright © 2016 by Simon & Schuster, Inc.

All rights reserved, including the right to reproduce this book or portions thereof in any form whatsoever. For information address Adams Media Subsidiary Rights Department, 1230 Avenue of the Americas, New York, NY 10020.

An Everything® Series Book.
Everything® and everything.com® are registered trademarks of Simon & Schuster, Inc.

ADAMS MEDIA and colophon are trademarks of Simon and Schuster.

For information about special discounts for bulk purchases, please contact Simon & Schuster Special Sales at 1-866-506-1949 or business@simonandschuster.com.

The Simon & Schuster Speakers Bureau can bring authors to your live event. For more information or to book an event contact the Simon & Schuster Speakers Bureau at 1-866-248-3049 or visit our website at www.simonspeakers.com.

Manufactured in the United States of America

7 2023

Library of Congress Cataloging-in-Publication Data has been applied for.

ISBN 978-1-4405-9780-0

Many of the designations used by manufacturers and sellers to distinguish their products are claimed as trademarks. Where those designations appear in this book and Simon & Schuster, Inc., was aware of a trademark claim, the designations have been printed with initial capital letters.

Acknowledgments

I would like to thank each and every one of the more than half a million people who have visited my website, Funster.com, to play word games and puzzles. You have shown me how much fun puzzles can be and how addictive they can become!

It is a pleasure to acknowledge the folks at Adams Media who made this book possible. I particularly want to thank my editor, Lisa Laing, for so skillfully managing the many projects we have worked on together.

Contents

Introduction / 9

Puzzles / 11

Answers / 257

Introduction

The puzzles in this book are in the traditional word search format. Words in the list are hidden in the puzzle in any direction: up, down, forward, backward, or diagonal. The words are always found in a straight line, and letters are never skipped. Words can overlap. For example, the two letters at the end of the word "MAST" could be used as the start of the word "STERN." Only uppercase letters are used, and any spaces in an entry are removed. For example, "TROPICAL FISH" would be found in the puzzle as "TROPICALFISH." Apostrophes and hyphens are also omitted in the puzzles. Draw a circle around each word you find. Then cross the word off the list so you will always know which words remain to be found.

A favorite strategy is to look for the first letter in a word, then see if the second letter is one of the neighboring letters, and so on until the word is found. Or instead of searching for the first letter in a word, it is sometimes easier to look for letters that stand out, like *Q*, *U*, *X*, and *Z*. Double letters in a word will also stand out and be easier to find. Another strategy is to simply scan each row, column, and diagonal looking for any words.

Puzzles

ABSURD
AMUSING
ANECDOTE
CARD
CHUCKLE
CLEVER
CLOWN
COMIC
DROLL
FACE
FUNNY
GAG
GIGGLE
GREETING
HOAX
IMPROV
JEST
JOKE
LAMPOON
LAUGH
LINE
MISTAKES
MOVIE
PLAY
PRANK
QUOTE
SATIRE
SAYING
SHOW
SILLY
SKETCH
SKIT
SMILE
SONG
SPOOF
STICKER
STORY
VIDEO
WITTY
WRY

Funny Stuff

P O V V S T O R Y E T O U Q
S F G I G G L E I S K G S T
U C A R D L X V Y O M K K G
X M D C M E O E H C I Y N W
G C N N E M O L O T S I A W
X N E X A N E C D O T E R I
A S O C H U C K L E A D P T
O B G S T I C K E R K U A T
H G U A L K L R A I E B F Y
S K E T C H G A M U S I N G
G Z S I D A S P M U Y N W J
Q E M R G M R I R P U A O R
J O O E I O S D L F O K L W
C L N L V Y H L L L E O C P
L I E I F O O P S A Y I N G
L V Y I H N W R Y V R G Y X

Solution on Page 258

AROMATIC
BATH
CHAMOMILE
CLOVE
CURATIVE
DIFFUSED
DROPLETS
ESSENCE
ETHEREAL
FLORAL
FRAGRANCE
GAS
HEALTH
INCENSE
INFUSION
INHALED
LAVENDER
MASSAGE
MEDICINE
MIST
MUSK
NEBULIZER
ODOR
OILS
OLFACTORY
PERFUME
PLANTS
PLEASANT
ROSES
SCENTS
SENSORY
SMELL
SPIRITUAL
STEAM
ULTRASONIC
VAPORIZER
VOLATILE

Aromatherapy

S Q R P I N F U S I O N L C
C P L A N T S T E L P O R D
E I S C E N T S F J E C E S
N E T H E R E A L V L L D E
I C O A V S C B I W A O I S
C T I D M T N T U H U V F O
I N L N O O A E N L T E F R
D A S R O R R I C S I K U E
E S Y U U S G A I N R Z S Z
M A T C C H A M O M I L E I
H E A L T H R R A G P L D R
T L A R O L F I T E S E Y O
A P R E D N E V A L T M F P
B M A S S A G E Q M U S K A
E S S E N C E L I T A L O V
E M U F R E P Y R O S N E S

Solution on Page 258

BAT
CATCH
CHEER
COACH
COTTON CANDY
DIAMOND
DIRT
DUGOUT
FANS
FRANKS
GAME
GLOVES
GRANDSTAND
HELMET
HOME RUN
INFIELD
INNING
MOUND
MUSIC
ORGAN
PARKING
PEANUTS
PLATE
POINTS
POPCORN
PRETZELS
REFRESHMENTS
SAFE
SCORE
SEATS
SNACKS
SOCCER
SODA
SPECTATORS
STADIUM
STRIKE
TEAM
TICKETS
UMPIRE
UNIFORM

At the Old Ball Game

X G Y D N A C N O T T O C S
S L C G G D N U O M U S I C
P O S K N A R F O S E P D O
R V D N I I F E P K E N C R
E E F A N S K L I A O A R E
T S F G N B A R N M T S T I
Z T F R I T T U A C U P S S
E A I O E S T I H P O E O A
L D N A T S D N A R G C C F
S I F U N I H H C P U T C E
N U I N R T C M H O D A E U
A M E I O E E K E I I T R T
C P L F C M M H E N R O A O
K I D O P L A O R T T R J B
S R F R O E G F H S S S J F
T E A M P H C A O C S Z O A

Solution on Page 258

AMERICA
ANGLICANS
BRADFORD
BROWNIST
CAPE COD
CARGO
CITIZENS
COLONY
DEBT
ENGLISH
EXPLORER
FLEEING
GROWTH
HISTORY
JOHN SMITH
LANDING
LAWS
LEGACY
MASSASOIT
MAYFLOWER
NEW WORLD
PATUXET
PERMANENT
PILGRIMS
PLYMOUTH
RELIGIOUS
RIGHTS
ROCK
SAIL
SETTLERS
SPEEDWELL
SQUANTO
SUCCESS
SURVIVAL
WAR
WINTER

Plymouth Colony

R O C K B R A D F O R D H T
T B E D E X P L O R E R T E
S Q U A N T O R E T N I W X
I N C A P E C O D K K G O U
N M A Y F L O W E R Y H R T
W L C C Y L A W S T V T G A
O A I A I Q D E E I J S C P
R V R G R L T N S O F P I L
B I E E E T G M H S L E T Y
S V M L L L I N A A E E I M
U R A E I R S I A S E D Z O
C U R S G M L D R S I W E U
C S H L I P E R M A N E N T
E S I T O G R A C M G L S H
S P H Z U G N I D N A L C T
S R H I S T O R Y N O L O C

Solution on Page 258

ALT
ARROW
BUTTONS
CAPS LOCK
CLICK
COMMANDS
COMMUNICATION
COMPUTER
CONTROL
CTRL
DELETE
ENTER
ESC
FAST
FINGERS
FUNCTION
INPUT
INSERT
INTERNET
KEYS
LAPTOP
LETTERS
MONITOR
MOUSE
NUMBERS
PAGE UP
PUNCTUATION
QWERTY
RETURN
SHIFT
SHORTCUTS
SIGNS
SPACE
SYMBOLS
TAB
TOUCH
TYPE
WORDS
WRITE

Keyboards

W R I T E I S L E T T E R S
G M D G Q Y L A P T O P P R
N U M B E R S N G I S U L E
O O I K A R B R E T N E O G
I A I C O M M A N D S G R N
T R E T U R N A T H H A T I
A R S C A P S L O C K P N F
C O L D R U A R U B F T O U
I W O E E S T O T U E M C L
N O B L T C T C N R M O U R
U R M E U Y P C N O E U F T
M D Y T P R T E N U A S I C
M S S E M I T I O F P E N L
O Y S N O T T U B A A O P I
C C N N C O G D C L Q S U C
D Q W E R T Y E S H I F T K

Solution on Page 259

AEROBIC
BENCH
BICEPS
BICYCLE
BOTTLE
BURN
CALVES
CARDIO
CLASS
CRUNCHES
CURL
DIPS
FITNESS
GLOVES
GLUTES
GRIPS
JOG
LAPS
LIFT
LOCKER
MATS
MEN
MUSIC
PARTNER
PECS
PILATES
POOL
QUADS
REP
ROPES
RUNNING
SET
SHOES
SPOT
STEPPER
TRACK
TRICEPS
WATER
WEIGHTS
YOGA

Fitness Club

B I C E P S T E P P E R S N
K S T H G I E W G N E C V M
U T S T R T Q H S L E Q U S
W A P E R X M S C P O S M E
N M T Y V A A Y I N I V S O
I A P O O L C L B C U R E H
W G J J C I A K O B S R G S
I O Y U B T B C R S O P C H
G Y R M E N O R E N T R A P
Z L X S F G T N A C B U T L
P S X D L N T R I C E P S F
R P D A I I L A P A N R U B
Q O I U F N E C N R C X E P
G T P Q T N L W O D H P Q N
V Z S E T U L G V I W T E S
Y Z X Y S R D O L O C K E R

Solution on Page 259

APPOINTMENT
BANK
BILL
BUSY
CHECKLIST
CHIROPRACTOR
CLEANERS
DANCE CLASS
DAY PLANNER
DOCTOR
DRIVE
ENDLESS
EXHAUSTING
GASOLINE
GIFT WRAPPING
GROCERY
HARDWARE
LIBRARY
MAIL
MEETING
NEEDS
OVERWHELMED
POST OFFICE
RETURN MOVIES
SCHEDULES
SCHOOL
SOCCER MOMS
TASKS
TREAT
VOLUNTEER WORK

Errands

G N I T S U A H X E Y R T C
M N B S D E E N G K R R P L
E N I L O S A G I N E I K E
E N R T L C Z C F A C R C A
L N B O E I C J T B O E H N
D E D N T E B E W W R T E E
E C D L N C M R R V G U C R
M I A I E J A E A M C R K S
L F N A M S E R P R O N L E
E F C M T T S A P D Y M I L
H O E B N A C W I O D O S U
W T C U I S H D N C R V T D
R S L S O K O R G T I I Z E
E O A Y P S O A Q O V E H H
V P S R P E L H D R E S T C
O U S D A Y P L A N N E R S

Solution on Page 259

AMAZING
BEAUTIFUL
BOSS
BREATHTAKING
BRILLIANT
DANDY
DYNAMITE
EXCELLENT
FABULOUS
FANTASTIC
FINE
GOOD
GREAT
GROOVY
IMPRESSIVE
INCREDIBLE
MARVELOUS
NEAT
NIFTY
RAD
REGAL
REMARKABLE
SPECTACULAR
SPLENDID
STUNNING
STUPENDOUS
SUPER
SURPRISING
SWEET
TREMENDOUS
UNBELIEVABLE
UNFATHOMABLE
WONDERFUL

Really Amazing

S U O L E V R A M A Z I N G
L U F R E D N O W N I F T Y
U M F A B U L O U S N E A T
G N I S I R P R U S U P E R
E L B A M O H T A F N U R S
L B R E A T H T A K I N G U
B E E E L D Y N A M I T E O
R A M G L I D R F I N E V D
I U A R N B E I E S R X I N
L T R O G I I V D G W C S E
L I K O R O N D A N A E S P
I F A V A Z O N E B E L E U
A U B Y D N A D U R L L R T
N L L R A L U C A T C E P S
T R E M E N D O U S S N M S
B O S S C F A N T A S T I C

Solution on Page 259

ALLEY
ART
BLOCKS
BUS
CITY
CLUBS
COMMUTE
CONCRETE
CORE
CROWD
CULTURE
DENSE
DINING
DIVERSITY
ELEVATOR
ENERGIZED
FAST
HUB
LIGHTS
LINES
LIVELY
LOUD
MUSEUM
NEIGHBORS
NOISE
OFFICES
OPERA
ORDINANCE
POLICE
PUBLIC
SHOPPING
SIRENS
SPRAWL
STADIUM
STATION
STORE
STREETS
SUBWAY
TAXI
THEATER

City Living

D E N S E R O C A Y T C S X
Z W G U D Q C L R H U B T K
A K O Y T I S R E V I D E R
L S M R T K C A P S Z E E A
L I T Y C C T O O U S Z R C
X S N O R E I T N B J I T O
L U L E R U T L U C E G S M
R B I C S E E L B L R R F M
X W V I T G C U E U O E S U
M A E L A V N V D B P N T T
U Y L O T L A I H U E E A E
S I Y P I T N G P R O L D S
E X W G O I I T I P L L I I
U A H R N E D S Q E O K U O
M T Q G N T R A Y S M H M N
S P R A W L O F F I C E S H

Solution on Page 260

ACTION
BEDROCK
BLASTING
CLIFF
COASTAL
COLLUVIUM
DEBRIS
DETACHED
EROSION
FAILURE
FALLING
FORCE
FRAGILE
GLACIERS
GRAVITY
GROUND
LANDSLIP
LOADS
LOGGING
MELTING
MOVEMENTS
OFFSHORE
PRONE
RAINS
REGOLITH
ROCKFALL
SHAPE
SLOPE
SLUMP
SNOW
SOIL
STRUCTURE
TOPPLING
TSUNAMIS
WEAKENING
WILDFIRE

Landslides

G R A V I T Y O P G F S I V
E L I G A R F L N Q L P R N
I E C R O F A I L U R E W O
R A I N S T N E M E V O M I
E P A H S E A P R H N U S S
I V O A K C X U G S I D I O
K R O A T P T N I V E F M R
E C E I V C I R U T S F A E
R W O S U T B L A S T I N G
I N O R L E L C S O I L U O
F Y T E D O H O D D O C S L
D S M I C E P E G N N B T I
L D D C D K B E N G U A Q T
I A F A L L I N G O I O L H
W O E L L A F K C O R N R K
E L C G N I L P P O T P G G

Solution on Page 260

ADHESIVES
BOXES
BUBBLE WRAP
CALENDAR
CAMERA
CHAIR
CLIPS
COMPUTER
COPIER
DESK
EASEL
ELASTICS
EQUIPMENT
ERASER
FASTENERS
FOLDERS
FORMS
GLUE
INK
LABELS
LIGHTS
MARKER
MEMO BOOK
NOTEBOOKS
ORGANIZER
PAPER
PASTE
PENS
PLANNER
RIBBONS
RULER
SCANNER
SCISSORS
STAMPS
STICKY NOTES
TABS
TACKS
TAPE
TONER
TYPEWRITER

Office Supplies

S P I L C K R R R T A B S R
T E N Q A R O U I E U S K E
A N K H L E A O L B N K C N
M S R S E T D N B E B O A N
P D E C N I H L X O R O T A
S O N I D R E K R A M B N C
C R N T A W S C O P I E R S
I G A S R E I H T A L T M L
S A L A E P V A N P I O W E
S N P L M Y E I E E G N F B
O I A E A T S R M R H L O A
R Z S G C C O M P U T E R L
S E T O N Y K C I T S S M T
S R E D L O F E U L G A S A
E R A S E R G N Q K S E D P
B O X E S R E N E T S A F E

Solution on Page 260

ACCIDENT
BLINKERS
BLOCK
BUMPERS
CAR
CHOKE
CITY
CLOG
CROWD
DETOUR
DRIVING
EXIT
FREEWAY
GRIDLOCK
HIGHWAY
HINDER
HONKING
HORNS
INTERSECTION
INTERSTATE
LANE
LIGHTS
MOVING
OBSTACLE
PATIENCE
RAMP
ROADS
ROUTE
SLOW
SNARL
STILL
STOP
STREET
TIME
TRAVEL
TRUCK
VEHICLES
WAIT
WRECK
YIELD

Slow Traffic

P T R U C K N U G C D U B D
E H X H G C O N P W K U R R
K Z O O G N I V O M M O O L
C K L R S K T R D P A M U R
E C C E N R C H E D V R T A
R R W O V S E R S R E A E N
W K H E L A S K T I H C H S
K P C R T B R N N V I M Y T
Z F A O E A E T H I C Q I L
X R Y T L D T L F N L X E L
N E T L I D N S C G E B L A
Y E I C I E I I R A S I D N
W W C R H G N R H E T T Y E
Y A W H G I H C G S T S O Y
L Y I Y R U O T E D B N B P
E M I T E E R T S L O W I O

Solution on Page 260

AQUARIUM
ATTENTION
BATHE
BED
BOWLS
BREED
CAGE
COLLAR
CRATE
CUDDLE
DIET
EXERCISE
FEED
FENCE
GROOM
HANDLING
HAPPINESS
HEALTH
HOME
HOUSING
HYGIENE
KENNEL
LEASH
LITTER
MEDICINE
NAILS
NEUTER
NUTRITION
REGISTER
RUN
SAFETY
SHAMPOO
SUPPLIES
TOYS
TRAIN
TREATS
VET
WALK
WATER
YARD

Caring for Pets

B R E E D R A L L O C N W U
B F N S C N Q T X E I A U T
C B E D I R U A R A T O Y S
I D I E O C A T R E Z R H L
Q U G P D H R T R U A A I W
M B Y D O O I E E I N T H O
O A H M S U U N X D T A S B
O T E C U S M T L E P I E K
R H A Y P I L I R P C G O J
G E L D P N N O I A A N R N
C K T O L G E N I C I D E M
V U H U I R E T S I G E R F
E N D S E S H A M P O O N D
T E I D S N A I L S T W R I
H S A E L E N N E K L A W A
I K S A F E T Y W G Y O B J

Solution on Page 261

ACEH
ANGKLUNG
ASEAN
ASIA
BALI
BANTEN
BORNEO
COUNTRY
DENPASAR
DISTRICTS
DIVERSITY
INDOMIE
ISLAM
JAKARTA
JAVA
KALIMANTAN
KELIMUTU
KOMODO
KUPANG
MAJAPAHIT
MANADO
MANOKWARI
OCEANIA
PALU
PAPUA
PONTIANAK
POPULATION
PROVINCES
REBELLION
REPUBLIC
SRIVIJAYA
SUHARTO
TOURISM
TRADE
WILDERNESS
YOGYAKARTA

Indonesia

C I L B U P E R M D A I S A
O E N R O B A A I N A E C O
U L A P A S N S U H A R T O
N D Q L A O T O U R I S M G
T I I P K R E B E L L I O N
R V N W I L D E R N E S S Y
Y E A C N O I T A L U P O P
D R T S S N E T N A B G L S
I S R E E J N P M H Y E R U
O I A C M A J A P A H I T T
D T D N M K N N K E V M K U
O Y E I J A V A C I P O U M
M A L V D R R A J T J D P I
O A P O N T I A N A K N A L
K Z F R A A Y M A L S I N E
A P A P U A N G K L U N G K

Solution on Page 261

APPLE
BONFIRE
BROWN
CATS
CHILLY
CIDER
COBWEB
COOL
CORN
COSTUMES
FALL
FESTIVAL
FOLIAGE
FOOTBALL
GHOSTS
GOURD
HALLOWEEN
HARVEST
HAYRIDE
HIKING
HOMECOMING
HUES
LEAVES
MAPLE
NOVEMBER
OCTOBER
OFFERING
ORANGE
PLENTY
PUMPKIN
RAIN
RAKE
SCARECROW
SCHOOL
SEASON
SEPTEMBER
SPIDER
SWEATER
TREES
TURKEY

Fall Fun

T U R K E Y S C H O O L Z R
G S E V A E L H A Y R I D E
O P T R S E A S O N A M C B
U I A A B R O W N P N Q O O
R D E K V S S E U H G R R T
D E W E H A L L O W E E N C
R R S E P T E M B E R B F O
E T W O R C E R A C S M E P
D B L E F C O S T U M E S U
I Z E O O F U O F Z L V T M
C S G M O S E O B P J O I P
G H I N T C L R P E F N V K
C N I S B I E A I T W A A I
G A O L A E R I F N O B L N
R H T G L H I K I N G V O L
G W E S L Y T N E L P A M C

Solution on Page 261

ART
BEDDING
BICYCLE
BLANKETS
CANDLES
CHAIR
CHEAP
CLOTHES
COSTUME
DRAPERY
DRESS
FRAYED
FURNITURE
KEEPSAKE
LAMPS
MIRROR
OLD
OUTDATED
PANTS
PHONE
PILLOWS
PLANTER
POSTER
PURSE
RADIO
RETRO
SHABBY
SHIRT
SHOES
TATTERED
TIE
TOYS
TREASURE
TRICYCLE
TRINKETS
UMBRELLA
USED
UTENSILS
VINTAGE
WORN

Flea Market Shopping

Y B B A H S S S P M A L W U
R E L C Y C I R T O I D A R
E K A S P E E K I N S B D R
T N N B T I L S F A A T R E
N R K U E E L C E R H P E T
A O E C S R K L Y H A C S R
L W T R O L U N O C T Y S O
P R S Y U S I S I W I O E O
A O H R T T T S A R S B L D
E R I E D U I U N E T D D C
H R R P A L S N M E R R N N
C I T A T M D E R E T T A T
U M B R E L L A D U S U C O
E B E D D I N G T A F R N Y
P H O N E G A T N I V N U S
S X S E O H S T J S E Z M P

Solution on Page 261

APPLE
AROMA
BAKE
BOX
BROWNIES
CAKE
CHERRY
CHOCOLATE
COFFEE
COOKIES
CREAM
CRULLER
CUSTARD
DANISH
DOUGH
DOZEN
FILLING
FLAVORS
FRY
GLAZE
GREASE
HOLE
HONEY
ICED
ICING
JELLY
MAPLE
NAPKINS
OVEN
PASTRY
PLAIN
RASPBERRY
RING
ROLL
ROUND
STRAWBERRY
STRUDEL
SUGAR
TWIST
VANILLA

Yummy Donuts

G H N E Z O D O U G H T P T
K N F F J A L L I N A V Y W
A L I G K E H G N I C I D I
E P D R A T S U C L D A A S
R E P L A I N H V L N E Y T
S Z F L B R O W N I E S C Q
T A G F E C K I S F P H C I
R L R A O D Z H C R E A M B
A G E L I C U S A R O M A O
W R A S P B E R R Y S K P X
B T S L J I P Y T R E B L E
E Q E E K A C H O S A N E L
R T L O S N E V O L Y G O O
R L O T Q N A P K I N S U H
Y C R U L L E R O U N D G S
A Y G A F R Y R J L L O R X

Solution on Page 262

ADVERTISING
ALE
AMBER
ANHEUSER
BAR
BEVERAGE
BOTTLE
BRANDS
BREW
BUD
CAN
COLD
CONSUMPTION
COORS
CRAFT
DARK
DRAFT
DRINK
FLAVOR
FOAM
GRAIN
HEAD
HOPS
INDUSTRY
KEG
LAGER
LIGHT
MILLER
MUG
PABST
PARTY
PILSNER
PINT
PROHIBITION
PUB
SCHLITZ
STEAM BEER
STOUT
TAP
YEAST

Beer

P L A I J R H M T Y F K W Q
A D B K R A D L O C T P Z M
B S R O O C U I K N I R D K
S E O A T X B G I N E G A Q
T D V I F T Z H T S R N D P
U Y A E A T L T U A O M V Q
O R L L R V P E I I I P E B
T E F A C A H N T L C Z R P
S N B G T N G I L A H E T F
A S T E A M B E E R W C I P
E L R R Z I R B R A N D S J
Y I N Q H Y R T S U D N I X
M P C O N S U M P T I O N F
Q A R E B M A D A E H J G Z
N P N U B L U O H O P S E L
H E P L E M L G V N F X K K

Solution on Page 262

ACROBAT
ACTS
AMERICAN
ANIMALS
AUDIENCE
BIG TOP
BROTHERS
CARNIVAL
CHILDREN
CIRCUS
CLOWN
COMPANY
COSTUMES
COTTON CANDY
DOGS
ELEPHANT
ENTERTAINMENT
FAMILY
FUN
GORILLA
GREATEST
HORSES
JUMBO
LAUGH
LION
MAGIC
MONKEYS
MUSIC
PEANUTS
PERFORMERS
POPCORN
RIDES
RING
STADIUM
TENT
TICKETS
TIGER
TRAIN
TRICKS

Ringling Brothers

F A M I L Y F U N I A R T P
P C L O W N C H I L D R E N
E L E P H A N T L U T R N R
A M R Z R P M I D A F I T O
N O M Y I M R E B O O D E C
U N A D N O Y O R M G E R P
T K G N G C R M V I D S T O
S E I A B C E B D A C L A P
T Y C C A R N I V A L A I M
A S O N S E O G C Q G M N U
D T S O E G N T S B S I M S
I E T T S I H O H K U N E I
U K U T R T D P I E C A N C
M C M O O B M U J L R I T T
Q I E C H H G U A L I S R Q
M T S E T A E R G A C T S T

Solution on Page 262

AFFECTIONATE
ANCESTRY
ANIMAL
BRUSH
CALICO
CAT FLAP
CATNIP
CHASE
CLAWS
CLIMB
COLLAR
CUDDLE
DANDER
FELINE
FUN
HISS
KITTEN
KNEADING
LAZY
LITTER
LOVED
MEOW
MILK
MOUSE
PAW
PET
PUFF
PURR
SCRATCH
SIAMESE
SLEEP
SOFT
STROKE
TABBY
TAIL
TOY
TREE
TRILL
WEAN
YARN

Pet Cats

A V E R F S A B P A W E A N
P F R B O X S S E S U O M E
P U F F M L W W G L O V E D
P L T E E I D A N A D R J M
C I F E C A L L I M T D F S
A T P I N T A C D I O D U E
M T E D E Z I F A N Y K N C
I E E P T B E O E A S S I H
L R D B T N R T N E H I C R
K L O C I L A C K A C A A U
H O I L K B E O K O T M R X
Y S E R B S R S L F A E X W
L F U Y T T L L L X R S M N
A K X R S Q A A I J C E R N
V P Y E B R P V Z E S A H C
K F W J V J C L G Y Y M I F

Solution on Page 262

ALAMOGORDO
APACHE
AZTEC
BERNALILLO
CARLSBAD
CARRIZOZO
CLAYTON
CLOVIS
CREOSOTE
CULTURE
DEMING
GALLUP
GOLD
LAS CRUCES
LORDSBURG
LOS ALAMOS
LOS LUNAS
LOVINGTON
MORA
MOSQUERO
MOUNTAINS
PUEBLO
RED BLUFF
RED RIVER
ROSWELL
SANTA FE
SCARLET
SOCORRO
SOUTHWEST
STATE
TAOS
TERRITORY
TOM UDALL
TUCUMCARI

New Mexico

S E T O S O E R C E T Z A R
K T H O Y R O T I R R E T E
I R A C M U C U T T A O S D
R L O T A U F F U L B D E R
M N A S E P D D C O A P W I
S O O S W B A A U S W U H V
N T R T C E R R L A G E T E
I Y R A G R L X T L R B U R
A A O P I N U L U A U L O S
T L C Z U A I C R M B O S A
N C O G O L D V E O S S I N
U Z S X C I L Z O S D L V T
O D A B S L R A C L R U O A
M S C A R L E T G A O N L F
X Q O D R O G O M A L A C E
G N I M E D O R E U Q S O M

Solution on Page 263

BANTER
BIKE
BOWL
CIRCUS
COMEDY
CONCERT
DANCE
DATE
ENJOY
EXCITEMENT
FISH
FRIENDS
GAMES
GOLF
HIKE
JOKES
JUMP
KARAOKE
MOVIES
MUSEUM
PAINTING
PARK
PICNIC
PLAY
POOL
READ
RELAX
RIDE
RUN
SHOPPING
SING
SKI
SLEDDING
SPA
SWIM
TOYS
TRAVEL
TRIP
VISIT
ZOO

Nice Times

X N S S P A J S E I D J V W
T V J I B O W L L E C N A D
A D R D K L O E T P O P Q D
S T A E S K V L M L N I F Q
N Y S E M A G U U A C C T G
T I O I R R J R S Y E N N N
Y K W T B A N T E R R I E I
S S E I V O M N U R T C M S
Q U P A R K U G M N H O E C
H S C S L E D D I N G S T C
U F D R F T C A Z E E K I H
N O G N I P P O H S L E C F
P B Z S E C O H M E Q N X A
C C I D K I X A L E R J E C
P V I Q I H R E T A D O W A
P R S O B I J F L O G Y M R

Solution on Page 263

BLINDING
BOOTS
CLIMATE
CLOUDS
DARK
DELUGE
DOWNPOUR
DREARY
DRENCHED
DRIZZLE
DROPS
FLOOD
GENTLE
GUTTER
HAIL
HARSH
HEAVY
HURRICANE
INTENSE
MONSOON
MUD
PONCHO
POURING
PUDDLE
RAIN
SHELTER
SLICK
SOAK
SOOTHING
SPRING
STORM
SUMMER
TEMPEST
THUNDER
TORNADO
UMBRELLA
VIOLENT
WATER
WET
WIND

Downpour

G W A T E R S G N I R P S H
I Z J G E T E M P E S T E I
S T O O B R E T T U G A D T
D N I W T N E L O I V R D O
U P U D D L E D K Y E X U R
O F G L Z H S K N A E L M N
L M N Z S G N I R U O P B A
C L I M A T E Y B A H S R D
A R D G E N T L E D D T E O
D E N W M O N S O O N H L O
S M I H N P I P U W C S L L
L M L S O O T H I N G R A F
I U B N I A R K E P H A I L
C S C U S T O R M O Y H F K
K H S P O R D E G U L E D S
O T O S E N A C I R R U H G

Solution on Page 263

BINGO
BOARD
BOGGLE
BONDING
CARDS
CHANCE
CHARADES
CHESS
CHIPS
CLUE
COMPETE
DEAL
DICE
DOMINOES
DRINKS
FAMILY
FRIENDS
GO FISH
LAUGHTER
LIFE
LOSER
MONOPOLY
PIECES
POKER
PUZZLES
RISK
RULES
SCRABBLE
SHUFFLE
SNACKS
SORRY
SPADES
SPINNER
TABOO
TEAMS
TOKENS
TROUBLE
TURN
WIN
YAHTZEE

Game Night

T B S P I H C B O A R D X F
E V R E K O P T O K E N S N
A S O R D E E C B G I J V R
M E S S U A T H A W G V W U
S C L S D L P E D E A L E T
K E M A B N E S P I N N E R
N I O X U I E S E M G N Z O
I P N N N G N I D N O B T U
R G O F I S H G R L S C H B
D K P A P M P T O F C I A L
A S O M S B O S E H R B Y E
Y I L I K S E D A R A H C C
E R Y L C R V N O O B A T S
T C R Y A R C L U E B R Q D
I T I O N E P U Z Z L E S Y
C A R D S H U F F L E F I L

Solution on Page 263

AUTOMATIC
BACK
BUILDING
CAR
CLOSE
COLOR
DECORATIVE
ENTER
EXIT
FRAME
FRONT
GARAGE
GLASS
HANDLE
HINGE
HOME
INTERIOR
JAMB
KEY
KNOB
LIGHT
LOCK
METAL
OPEN
ORNATE
OUT
PAINT
PATIO
PORTAL
PRIVACY
ROOM
SECURITY
SHUT
SILL
SLAM
SLIDING
STOP
SWING
WINDOW
WOOD

Open the Door

C R R K E A V E X I T G Z T
M O O R Y I G K O S N P U N
A P L C T N G M W R I O Y U
L E Q O I T A F O W A R T E
S N D W R E R R D O P T U F
M M S E U R A O N O R A H I
C V O M C I G N I D I L S X
B T R O E O E T W R V D S B
O M N H S R R H E M A R F J
N E A U T O M A T I C C M H
K T T J E Z G N T O Y N Q D
C H E G G N I D L I U B H D
O G N S S S A L G T V R E E
L I T K O F M E T A L E C I
H L E S I L L Q Y P O T S C
H Y R E H K C A B K Q G P S

Solution on Page 264

BABIES
BALL
BEACH
BENCH
BIKES
BROOK
CARNIVAL
CAROUSEL
CHILDREN
CHIPMUNK
CONCERT
CREEK
DADS
DEER
DOG
DUCKS
FISH
FLOWERS
GAME
GARDEN
GAZEBO
GEESE
JOGGER
KIDS
LAKE
PARENTS
PAVILION
PEOPLE
PIGEONS
POND
POOL
RIVER
SHOW
SLIDE
SQUIRREL
SWAN
SWING
TRAIL
TREE
TURTLE

Around the Park

E G P E I N A W S E G O D Q
H T E C J S L D P H G N K X
U R C W S L I D E A O X L K
T A I O T K N U M P I H C S
G I E V N N L E K B E A C H
P L L K E C H I L D R E N O
D E T D R R E S G N G U B W
D X R G A Z H R I A S D A D
Z A U E P P H V T F Z R L E
G S T E Y C A R O U S E L L
N K A S N L P V R E R G B P
I C R E E K A L I R H G P O
W U B I K E S B I L N O O E
S D E E R V A U V E I J O P
A K O O R B Q S R E W O L F
O C F B Q S N O E G I P N O

Solution on Page 264

ANGLE
APPRENTICE
BEVEL
BOX
BUILD
CABINET
CARVE
CHISEL
CONSTRUCT
CUT
DRILL
FINISH
FURNITURE
GLUE
GOGGLES
HAMMER
HANDYMAN
HOUSE
JOINT
LATHE
LEVEL
MASTER
MEASURE
MITER
MOLDING
NAIL
PARQUETRY
PLANE
ROUTER
SAW
SCREW
SKILLED
SQUARE
SUPPORTS
TOOLS
TRADE
TRIM
WALLS
WOOD
WORKSHOP

Carpentry

P L A N E R E S B R Q C S I
Y E U S J T R R E T S A M Y
S S C K R G A T V L W S R E
F I N I S H U D E O G T L U
S H M L T O Q T L C E G P L
F C S L R N S C B U N E O G
O A L E G X E U Q A F R H G
W R O D F S T R O P P U S N
E V O L O U A T P T A S K I
R E T I M P R S E P M A R D
C D N A M Y D N A H A E O L
S A I N L R I O I X O M W O
L R O F I B T C L T C U X M
L T J L A U U D L I U B S K
A O L C E T H A M M E R O E
W O O D L E V E L A T H E X

Solution on Page 264

ACADEMIC
ACCOUNTING
ACHIEVEMENT
ART
ASSOCIATE
BACHELOR
BUSINESS
CERTIFICATE
COMMERCE
COMPUTING
CREDENTIALS
DANCE
DESIGN
DIPLOMA
EDUCATION
ENGINEERING
EXPENSIVE
GRADUATE
HISTORY
HONORS
JOURNALISM
LAW
MAJOR
MATHEMATICS
NURSING
PHILOSOPHY
PSYCHOLOGY
SCIENCE
STUDY
TECHNOLOGY
UNIVERSITY

Academic Studies

N U R S I N G R A D U A T E
E D E S I G N I T U P M O C
C A R L U N I V E R S I T Y
R N O S C I T A M E H T A M
E C J O U R N A L I S M B P
M E A A A E U Y D U T S H S
M T M S A E O H E X L I T Y
O A B S M N C I V A L E E C
C C A O O I C S I O E D C H
I I C C L G A T S H C U H O
M F H I P N N O N O N C N L
E I E A I E P R E N E A O O
D T L T D H I Y P O I T L G
A R O E Y W A L X R C I O Y
C E R B U S I N E S S O G P
A C H I E V E M E N T N Y T

Solution on Page 264

ACTION
AUTHOR
AWARDS
BELLA
BLOOD
BOOK
CHARACTERS
CRAZE
CULLEN
ECLIPSE
EDWARD
FANS
FICTION
FORKS
FOUR
FRANCHISE
GIRLS
HORROR
INTEREST
JACOB
JAMES
LOVE
MEYER
MOVIE
MYSTERIOUS
NEW MOON
NOVEL
PLOT
POPULAR
READING
ROMANCE
SAGA
SCHOOL
TEENS
TWILIGHT
VAMPIRE
WASHINGTON
WEREWOLF
WOLVES
YOUNG ADULT

The Twilight Saga

N R S K F K O O B L P N Y W
O E C L I P S E O L E Y P O
V A H C C E R V O L O M P L
E D O R T D E T L U Y O P V
L I O A I W T U N S B V D E
L N L Z O A C G T E O I I S
T G Z E N R A E L W C E M D
K W Q F S D R L A S A W E R
I K I N U I A S S A J E Y A
N N H L O E H P N G C R E W
E H T U I I C C O A K E R A
W O S E N G T N N P F W I U
M R N G R H H C A A U O P T
O R T S N E E T A M R L M H
O O G I R L S S K R O F A O
N R S E M A J T F O U R V R

Solution on Page 265

BABY FOOD
BABY OIL
BATH
BIB
BLANKET
BOOTIES
BOTTLE
BRUSH
BURPING
CAR SEAT
CLOTHES
CRADLE
CRAWLING
CRIB
CRYING
DADDY
DIAPERS
FIRST TOOTH
FORMULA
LOTION
LULLABY
MILK
MOMMY
NAPTIME
OINTMENT
PACIFIER
PICTURES
PREGNANT
RASH
RATTLE
SHAMPOO
SLEEP
SOCKS
STROLLER
SWADDLE
TALK
TEDDY BEAR
TEETHING
WALKING
WIPES

Baby Care

W A L K I N G N I Y R C P W
I R A S H F O R M U L A V P
P H S E H T O L C B C M T I
E L T T O B U R P I N G E C
S L I O Y B A B F P Y T K T
W C D C O W M I L K E A N U
A P R A L T E D D Y B E A R
D R K I R R T S O C K S L E
D E N P B C H S U R B R B S
L G A R E L L O R T S A B Y
E N P T N E M T N I O C O D
R A T T L E B A B Y F O O D
G N I H T E E T A L K B T A
F T M O M M Y S R E P A I D
L D E S Y B A L L U L T E B
N O I T O L O O P M A H S D

Solution on Page 265

APARTMENT
ATTIC
BEACH
BEDROOM
BELONGINGS
BUILD
CABIN
CASTLE
CLOSET
CONDO
COTTAGE
DEN
DOORS
DUPLEX
FAMILY
FARM
FLOORS
FURNITURE
GARAGE
HOUSE
KITCHEN
LARGE
LAWN
LODGE
MANSION
MOBILE
MOTOR
NEW
OFFICE
OLD
PANTRY
PLAN
RANCH
RENTAL
SAFETY
SHACK
SMALL
SWEET
TOWNHOME
YARD

Your Abode

Y A R D H F B R E N T A L R
T N W A L A E U C N P V O A
E G A O K M R U I U J T N N
F A O C T I U L F L O U O C
A R P O U L T G F M D L I H
S A A T A Y I C O N D O S H
I G N T F A N O H X D G N C
Q E T A P A R T M E N T A A
E I R G L D U E M I N S M E
C M Y E E P F O G I T Y H B
E Y N B V E H N B L E B O D
S G W E Z N O A E D S N U L
W A D L W L C O L D O P S L
E H E O E L I B O M L O E A
E D T B L L A R G E C D R M
T L V N M J V C X K C A H S

Solution on Page 265

ANTIVIRUS
COMPUTER
DAMAGE
DATA
DELETE
DETECTION
DOCUMENTS
DOWNLOAD
FILE
FIREWALL
HARD DRIVE
HARMFUL
HIDDEN
INFECT
INTERNET
MALWARE
NORTON
PROBLEM
PROGRAM
PROTECT
REBOOT
RECOVERY
REGISTRY
REINSTALL
REPRODUCTION
RESIDENT
RESTORE
RISK
SCAN
SOFTWARE
SPAM
SPYWARE
STEALTH
SYMPTOMS
VULNERABILITY

Computer Insecurity

V L L A T S N I E R S C A N
D U N S N E I N T E R N E T
A S L T P T V D E L E T E R
T T R N D Y I I R I P O F E
A E I E E I W V R F R O I S
S A S M T R N A I D O B R T
Y L K U E U A F R R D E E O
M T Y C C N P B E E U R W R
P H R O T N O M I C C S A E
T N E D I S E R O L T O L H
O S V O O B D D T C I F L A
M D O W N L O A D O O T L R
S T C E T O R P M I N W Y M
P R E G I S T R Y A H A Y F
A E R A W L A M J B G R C U
M A R G O R P R O B L E M L

Solution on Page 265

BALMY
BEACH
BIKING
BOATING
BREEZE
CALM
CHILLY
CLEAR
CLOUDS
COMFORTABLE
CONCERT
CONVERTIBLE
COOL
DEW
FAVORABLE
FISHING
FORECAST
GRILLING
HIKING
LIGHT JACKET
LIGHT SHOWERS
MILD
MIST
PICNIC
POOL
PREDICTABLE
SAILING
SEASONS
SHORTS
SKIING
SNOW FLURRIES
SPRINGTIME
SPRINKLING
SWIMSUIT
TANK TOP
WARM

Check the Weather

P E L B A T C I D E R P L D
S F F O R E C A S T R O H S
N E B B I K I N G M I S T P
O L R A E C B O A T I N G O
S B E L B A R O V A F O F T
A A E M P J C L E A R W I K
E T Z Y O T T H W E D F S N
S R E W O H S T H G I L H A
A O M D L G S W I M S U I T
I F I G R I L L I N G R N T
L M L A C L O U D S X R G R
I O D O S P R I N G T I M E
N C O N V E R T I B L E R C
G L G N I L K N I R P S A N
C I N C I P G N I K I H W O
V R G N I I K S Y L L I H C

Solution on Page 266

ASPHALT
BIG RIGS
BRAKE
BUS
CAR
COMMUTE
CRUISE
CURVES
EXIT
FAST
GAS STATION
INTERSTATE
JAM
LANE
LIGHTS
LINES
MEDIAN
MOTORCYCLES
PASS
PAVEMENT
PLAZAS
RAMP
RIDE
ROADS
ROUTE
SCENERY
SERVICE
SHOULDER
SIGNS
SLOW
SPEED
STEER
STOP
TOLL
TOURIST INFO
TRAFFIC
TRUCKS
TURNS
VEHICLE
YIELD

On the Highway

H Z Q E B Y E T U M M O C B
O P L C Y X E Y H G F J U Y
A L L I N D R M B N E X I T
S I O V I E G O I A Y E R S
P G T R N L A T G I L B O L
H H L E T C S O R D S N U O
A T C S E I S R I E I P T W
L S A B R H T C G M G A E R
T F R U S E A Y S P N S K A
R N O X T V T C H L S S A C
A T E S A F I L O A E U R N
F U R M T D O E U Z N U B B
F R A U E O N S L A I M A J
I N M E C V P I D S L A N E
C S P Q H K A S E V R U C P
U S R E E T S P R O A D S G

Solution on Page 266

ADVICE
BEGINNING
BLISS
BRIDE
CELEBRATION
CEREMONY
CERTIFICATE
CHANGE NAME
COHORT
COMRADE
CONTENT
COUPLE
DEVOTION
FLIRTY
FRIEND
FUTURE
GIFTS
GROOM
HAPPY
HELPER
HITCHED
HOUSE
HUSBAND
JOY
LIFE
LOVE
MARRIED
MATE
NEW
PAL
PEER
RECEPTION
RINGS
ROMANCE
SPOUSE
TOGETHER
UNITED
VACATION
VOWS
WIFE

Just Married

Y P P A H D N A B S U H T E
T B B R I D E I R R A M S F
R N E A G A D V I C E Q G I
I E E G E R Y E O N N I N W
L W T T I Y O V H T O O I S
F L A P N N J O E C I N R T
P M C C J O N L M T T O S F
E O I O C M C I A T P I N I
E J F M O E H R N O E T H G
R K I R U R B C E G C A E H
L F T A P E E O G E E C L O
I R R D L C S H N T R A P U
F I E E E W U O A H U V E S
E E C N A M O R H E T G R E
U N I T E D P T C R U O N A
F D V O W S S I L B F O A T

Solution on Page 266

BLACK
BOX
CARDS
CHICKEN FOOT
COMPETITION
COUNT
DECK
DESIGN
DIE
DOTS
DOUBLES
DRAW
EFFECT
ENDS
FACE
FALL
FAMILY
FUN
GAME
IVORY
MARBLE
MATH
PACK
PIECES
PIPS
PLAY
POINTS
RECTANGLE
RULES
SCORE
SET
SPINNER
SPOTS
STOCK
STRATEGY
SUITS
TABLE
TILE
TOPPLE
WHITE

Play Dominoes

M N H H P L Z G P U M C K J
D D O U B L E S T N U O C A
J C H I C K E N F O O T A M
Z G Y L T I L E U A P C P G
F G Z G D I O U M F C P Q D
S S P R E C T A N G L E L I
L T A D N T Y E S T I U S E
H W O F G L A C P O I N T S
L C S P I P O R D M T S E T
S F A M S R J B T S O E S S
G E A R E N N I P S K C E D
J F L L D F W W H I T E C N
M Y B U L S F Y R O V I B E
A A M A R B L E M A G P L N
T L H O X C A K C A L B O X
H P E D C Z K C O T S T O D

Solution on Page 266

AIR
BEACH
BREEZE
CALM
CLEAN
COFFEE
COLD
COOL
DEW
DIP
DRINK
ENLIVEN
EXERCISE
FRUIT
HAMMOCK
HUGS
HUMOR
ICE
INSPIRE
JOG
MILKSHAKE
MINTY
NAPPING
NATURE
NEW
OCEAN
PERFUME
POOL
REVIVE
SHOWER
SMILE
SMOOTHIE
SODA
SPLASH
STORM
SWEETS
SWIM
TEA
TRAVEL
VACATION

Refreshing!

T J G A E R B N K H A M M S
W R E D N I A N F R U I T S
W O R X E A N E V I L N E V
E M U F R E P W T K K T C S
P U T K E R I P S N I Y H H
S H A S R C K H I M R O T S
P M N L E V A R T N W U S L
J E L N J K D E W E G B B Y
Q H V J E S I C R E X E E N
V H A I J Z N O I T A C A V
Y N N M V S E H P E Z E C N
M L A C M E T E W O L W H M
M C E D F O R E R C O I M I
H P C F O D C J E B O L M W
M X O M I S Z K O W C L W S
Z C S P L A S H U G S D D B

Solution on Page 267

ANTENNAS
BIRDS
CABLE
CLIMB
COAXIAL
COMPANY
CONCRETE
CURRENT
ELECTRIC
ENERGY
EQUIPMENT
GRID
HEIGHT
INSULATED
LIGHTS
LINE
MAINTENANCE
OUTSIDE
OVERHEAD
PINE
POLE
POST
POWER
REPAIR
ROAD
ROUND
SAFETY
SERVICE
SHOCK
STEEL
STREET
STRONG
SUBSTATION
SUPPORT
TELEGRAPH
UTILITIES
VOLTAGE
WIRE
WOOD
WORKER

Utility Pole

U S H O C K T S O P O W E R
V M L F C L I M B W I R E I
L C I H E I G H T S M N M A
C O G O V E R H E A D A E P
O M H S U B S T A T I O N E
A P T N E T E R C N O C V R
X A S E S I N S T E E L O P
I N S U L A T E D D L N L S
A Y S Q C E N I M R I E T E
L E T E T A G N L P I R A R
Y G R E N E B R E I I B G V
T N E C E I E L A T T U E I
E O E G R K L P E P N U Q C
F R T T R O P P U S H A F E
A T V O U T S I D E W O O D
S S W Y C D N U O R O A D N

Solution on Page 267

ANNUITY
BILLS
CHARITIES
CHECK
DONATE
DRAWING
FORTUNE
FRIENDS
GAMBLE
HAPPY
HOUSE
INVEST
JACKPOT
LOTTO
LUCKY
MILLIONAIRE
MONEY
NUMBERS
PAPER
PAYMENT
PAYOUT
PICK
PLAY
POOL
PRIZE
REDEEM
RETIREMENT
RICH
SAVE
SCRATCH
SHARE
SHOPPING SPREE
SPEND
SUM
TAX
TICKET
TRUST
WEALTHY
WILL
WINNER

Win the Lottery

T E V A S H C I R M O N E Y
R T N E M Y A P Q E G L K D
U S M U S Y T L T P N C O U
S E E P M I F O R T U N E W
T V E L C B P O J L A E I W
G N D K B K E P D T R L L W
D I E U C M B R E P L R A Y
P T R A U T A I S K P E H V
L A J S O W U G L Q C T F H
A X E R I A N O I L L I M C
Y A N N U I T Y Y A S R P T
E K G Y P T J D E A X E A A
R C C P O X Y W Z S P M X R
A E O P C H A R I T I E S C
H H P A P E R F R I E N D S
S C Y H O U S E P L G T I Y

Solution on Page 267

BED
BLANKET
CASE
CHAIR
COMFORT
COUCH
COVER
DECOR
DESIGN
DOWN
DREAM
FEATHER
FIGHT
FIRM
FLUFFY
FOAM
HARD
HEAD
HYPOALLERGENIC
KING
LACE
LINEN
NAP
NECK
NIGHT
ORTHOPEDIC
POLYESTER
QUEEN
RELAX
REST
SATIN
SILK
SLEEP
SLIP
SOFA
STUFFING
THROW
TOP
TRAVEL
WHITE

Pillows

U C B Z O R T H O P E D I C
Y P I L S X A T M O Q L C I
X X Z N A R G S M L P D T N
E K D L D N X E L Y R X H E
F M E A W K K R D E C O R G
R R H O E E T E A S E G O R
Y I D W K H R M T T O P W E
Q F N H G I O U R E V O C L
I K L I S A F O S R H K B L
U M F T L F M L B C I F E A
N N P E I E O O U N A V D O
E I I N N A C O G F A S N P
E T G U E T C I E R F D E Y
U A O H N H S G T C O Y C H
Q S D U T E L B R P A N K F
M J T Y D R I A H C M L G U

Solution on Page 267

ADDRESS
BILLS
BOX
BUBBLE WRAP
BULK
CANCELLED
CARD
CERTIFIED
CLASS
CLERKS
COUNTER
DELIVER
ENVELOPE
FORMS
GIFTS
INSURE
INVITATIONS
LABEL
LETTER
LINE
MAIL
METER
MONEY ORDER
NOTIFY
PACKAGE
PARCELS
PASSPORT
PEOPLE
POSTAGE
PURCHASE
RECEIVE
SCALE
SEND
SHIP
SORT
STAMPS
TAPE
TRACKING
TRUCKS
USPS

Post Office Stop

K S G I F T S G S S H B L D
L E B A L K N M S P R I E W
U S P S R I R E A O N L V E
B A K E K O R R L E I L I U
A H L C F D C E C V S S E L
N C A R D E L L E C N A C I
O R S A L A E R M R O P E A
T U K S C E P A T E I E R M
I P A S S P O R T D T O T E
F A B U B B L E W R A P I T
Y C O U N T E R O O T L F E
L K X T D T V S S Y I E I R
A A E R U S N I H E V E E Y
J G L E T T E R I N N C D J
D E G A T S O P P O I D B Z
Z T R U C K S T A M P S D G

Solution on Page 268

ACCESSORIES
BEAUTY
BRAND
CLOTH
COLORS
COSTUME
COUTURE
CREATE
CUT
DESIGN
DRESS
FAD
HAT
HEM
HOT
INDUSTRY
JEANS
LACE
LATEST
LEGGINGS
LENGTH
MATERIAL
MODEL
NEW
PANTS
PARIS
PATTERN
POPULAR
RUNWAY
SCARF
SEW
SHIRT
SILK
SKIRT
STORES
STYLE
TAILOR
TREND
VOGUE
WEAR

Fashion Trends

E T T S T J T D Y R S S R Q
O X S D K L E N N T P I A G
L M H T E I E E O A U R C B
J U Z N O S R R T T B A C I
C S G W F R I T S A N P E X
S T N A P L E G G I N G S B
H Y D D A R I S N L C S S T
H L W T N M C H T O L C O U
R E E P S A A O U R S H R A
N S M S L Y R T S U D N I R
T S E E G A U B E T C S E A
Q R D K L R H J S R U L S E
D O A U E N H E E I I M C W
M L P R U N W A Y H L A E I
V O G U E H T N T S L K L B
P C U T Q E V S C A R F I H

Solution on Page 268

BOIL
BRAISE
BURNER
COOK
DINNER
EGGS
FIRE
FOOD
FRY
GRIDDLE
GRILLED CHEESE
HEAT
HOT
KETTLE
LADLE
LUNCH
MACARONI
MEAT
OMELET
PANS
PASTA
PEPPER
POT
RECIPES
RICE
SALT
SAUCE
SEAR
SIMMER
SKILLET
SOUP
SPATULA
SPILLS
SPLATTER
STEAM
STIR
TIMER
VEGETABLES
WARM
WATER

Stovetop

G U F M K E T T L E S A L T
P R S P E E V W L G B R Q M
F E I E L A O S G U E C I R
G S P L A T T E R N N X I A
Z B I P L R L N N I G C O W
S K K L E E E I A M R P H T
S P D A U R D X A E I U A D
R C I D K O O C M O D O O F
M E T L N I A M H E D S Z R
A O C E L R I P E E L R S Y
E H P I O S A U C E E P O T
T S Y N P N R T S T A S M T
S B I S S E L B A T E G E V
N A O A M A S W U E I Y L K
M E F I R E D L T O H R E M
Z T T V L B A T S A P T T X

Solution on Page 268

BATH
BEACH
BIKINI
BOATS
BUBBLES
CANOEING
DIVE
FLIPPERS
FLOAT
FLUME
GAMES
GOGGLES
HOSE
JACUZZI
KAYAKING
LAZINESS
LESSONS
LIFEGUARD
NOODLES
OCEAN
PADDLE
POOL
RACE
RELAXATION
SAILING
SCUBA GEAR
SLIDE
SNORKEL
SOAKED
SPLASH
SPRAY
SQUIRT GUN
STROKE
SUNSCREEN
SUNSHINE
SURFING
SWIM
TUBING
WATER
WAVES

Water Fun

G E W S P G N I E O N A C R
D D N O O D L E S S O N S E
O I O A J A C U Z Z I J D C
N L V K S U P O K F T R N A
W S S E N I Z A L W A T E R
A E E D O B Y O D U X R E I
V L M F R A A P G D A F R N
E G A L K T I E O E L M C I
S G G I E H F C G H E E S K
T O N P L I E A F I R U N I
R G I P L A B S E L B B U B
O B L E N U G T R I U Q S B
K E I R C H S A L P S M X O
E A A S U N S H I N E Y E A
H C S U R F I N G N I B U T
C H O S E S W I M Y A R P S

Solution on Page 268

AXLE
BALANCE
CHAIN
CIRCUS
CLOWNS
CRANK
CYCLE
DIFFICULT
ELBOW PADS
FALL
FESTIVAL
FRAME
FREESTYLE
FUN
GIRAFFE
HEIGHT
HELMET
HOBBY
JUGGLE
LEGS
MUNI
PARADE
PEDAL
PERFORMANCE
RIDE
SADDLE
SAFETY
SEAT
SHOW
SINGLE
SKILL
SPOKE
STUNT
TALL
TIRE
TOY
TRICK
UPRIGHT
VEHICLE
WHEEL

Unicycles

R A E M A R F V P T P L Z D
S S X K N A R C N A E R I T
G S A L T P E C I E R F U N
E I D F E P E I A S F A U L
L N R D E T S R H I O P D E
E G A A R T T C C P R M S E
T L S I F O Y U I I M D I H
N E C K Y F L S G F A L L W
U K V Y I T E H T P N E I M
T S W B C L T S W W C C U T
S H R I D E L O T F E N J A
W O G D H O B B Y I I A U L
B W A I C L O W N S V L G L
N S Q V E H I C L E Q A G N
T M Y R X H E L M E T B L P
R E J F M D H W S P O K E N

Solution on Page 269

AGE
BITTERSWEET
CARDS
CHARMING
CHILDHOOD
DESIRE
DIARY
DWELL
EVENTS
FEELING
FOND
FRIENDS
GENERATION
HANDKERCHIEF
HAPPINESS
HOMESICK
JEWELRY
KEEPSAKES
LACE
MEMORIES
MOVIES
OLD
RECALL
REFLECTIVE
REMEMBER
REMINISCENT
RETRO
SENTIMENTAL
SOUVENIR
TOKEN
TRADITION
WEDDING DRESS
YESTERYEAR

Sentimental Feelings

S E K A S P E E K N E K O T
U S E I R O M E M O V I E S
K G E V I T C E L F E R L D
C H A R M I N G F W Q A W O
I H A N D K E R C H I E F O
S C R S Y G J E W E L R Y H
E A N M C A N M I L G E R D
M R O S E N T I M E N T A L
O D I F R I E N D S I R E I
H S T N E V E I K D L O Y H
Y B I T T E R S W E E T R C
R V D J L L A C E R E W E S
A H A P P I N E S S F F T G
I T R C L R I N E V U O S E
D F T W N O I T A R E N E G
R E M E M B E R I S E D Y A

Solution on Page 269

BACKWARDS
BALANCE
BLADES
BOARD
CIRCLES
COMPETITION
DERBY
DOWNHILL
EXERCISE
FALL
FIGURE
FITNESS
GOAL
HELMET
HOCKEY
ICE
INDOOR
INLINE
JUMPS
PADS
PAIRS
PARK
PIPE
PROFESSIONAL
PUCK
RACING
RAMP
RECREATION
RINK
ROAD
ROLLER
ROUTINE
SIDEWALK
SLALOM
SNOW
SPEED
SPINS
SPORT
TOUR
WHEELS

On Skates

X T K N I R W C I R C L E S
A O G G O A L I B L A D E S
P U P G N I C A R N E W P P
P R N B R E T S O R K Z A M
R M Q O O M Y I U D S A D U
L O A A L F S G T E N H S J
E L A R L S I E E E I E L E
S C A D E F D T C P P L A X
R D R F R C I R N S S M L E
I T O R W T R N A E P E O R
A R U W O O H E L W S T M C
P O T K N O N Y A I K S K I
E P I P C H D S B T N C R S
A S N K C U I N C R I E A E
W H E E L S P L I B E O P B
M Y S I D E W A L K Q D N D

Solution on Page 269

ANACONDA
BASILISK
BEHEMOTH
BIGFOOT
CENTAUR
CTHULHU
DEMON
DEVIL
DINOSAUR
DRAGON
FOLKLORE
GARGOYLE
GIANT
GNOME
GOBLIN
GODZILLA
GORGON
GRIFFIN
HYDRA
IMP
KRAKEN
LEGEND
MINOTAUR
MUMMY
MUTANT
MYSTICAL
NESSIE
OGRE
PREDATOR
SATYR
SCARY
SERPENT
SIREN
SNAKE
TERROR
TROLL
VAMPIRE
WEREWOLF
YETI
ZOMBIE

Scary Beasts

E K A N S P R E D A T O R Y
E G O R G O N I L B O G O M
V A M P I R E L I V E D H M
D Z N I F F I R G V R B Y U
T E P F M Z L Y O U P A D M
N E M L D I C A A L N S R E
A I I O I I N T C A K I A R
T S G W N T N O C I Q L G G
U S B E H E M O T H T I O O
M E I R C Y N U S A D S N F
Z N G E R D H E D A U K Y R
O E F W A L R N V M U R O M
M R O X U P E L Y O G R A G
B I O H E G I A N T R O L L
I S T N E K A R K E M O N G
E C T L W R S A T Y R A C S

Solution on Page 269

BEVERAGE
BOTTLE
BUBBLY
CAN
CHERRY
CITRUS
CLEAR
COKE
COLA
CRISP
DIET
DRINK
FANTA
FATTENING
FIZZY
FLAVOR
FOUNTAIN
GINGER ALE
GLASS
GRAPE
ICED
LEMON
LIME
ORANGE
PEPSI
POP
QUENCHING
ROOT BEER
SERVE
SPARKLING
SPRITE
STRAW
SUGAR
SWEET
SYRUP
TASTY
TINGLY
TREAT
VANILLA
WATER

Soft Drinks

X M F W A R T S E R V E G H
G S I S P E P R S A L O C T
Q E Z G O W R E U E E Q N R
R M Z F P K N E R L M G I E
L R Y L B B U B T C O N A A
Q E R A E J Q T I A N I T T
V F R V M L O O C N W L N E
R R E O I B A O Q S M K U E
N S H R L S Y R U P S R O W
R V C A G N I N E T T A F S
K F A N T A D T N G Y P L U
T E G N A R O A C R N S P G
C E E T I R P S H A Y I T A
K T I N G L Y T I P U R G R
K B K D P R L Y N E I C E D
M Y B E V E R A G E K O C B

Solution on Page 270

AND
AWAY
BAT
BIG
BOY
COT
DIG
DOG
FATHER
FUN
GIRL
GIVE
HAT
HELP
HOG
JUMP
LITTLE
LOT
MAT
MITT
MOP
NET
NOT
PAT
PEG
PIG
PLAY
POT
RAT
READ
RIG
ROT
RUN
SAT
SEE
SIT
SKY
THIS
TOP
YOURS

Short Words

X B W Q H P R P M S K L V R
A N P Y N Q V O C I G I V E
H C T Z G E P T T H T T L H
V J N O T I Y O B T Q T K T
W M B D G X Z P D I T O O A
O H E M N B O L R I G C F F
G O B P V Z K E L O O I J L
E P X M U A E H H P D S D J
Y H O T D X E E E T M R I N
H U R K Y Y N U R B L U I T
N D A L A Z S A K U O O J G
C Q G G F N T A P L A Y T E
A K A G V A O H R E A D E O
A I L Y S K Y T A W N S N K
U O W H Q A Q B A T D U Z Z
C P U O H R T R Q M Y Q F V

Solution on Page 270

ADVERTISING
ARTICLE
AUDIENCE
BBC
BIAS
BROADCAST
BULLETIN
CABLE
CNN
COMMUNICATION
COVERAGE
CURRENT
ECONOMY
EDITOR
ENTERTAINMENT
EVENTS
FOX
GOSSIP
GOVERNMENT
IMPORTANT
INTERNET
JOURNALISM
LOCAL
MAGAZINE
MEDIA
NBC
ONLINE
PAPER
POLITICS
PRINT
PUBLIC
RADIO
REPORT
SPORTS
STORY
TELEVISION
VIEW
WAR
WEATHER

In the News

C O V E R A G E N I L N O D
O S T N E V E E L C I T R A
M P M N H T S E R O T I D E
M R A J T N E M N R E V O G
U I G P A E A U D I E N C E
N N A O E R A W I R L J B O
I T Z L W R N B T T B O A I
C E I C O U B I T E A U I D
A R N N B C S S T L C R D A
T N E M N I A T R E T N E R
I E R W N C A L D V L A M C
O T E G D G O S S I P L S I
N I P A S T R O P S X I U L
V F O X P O L I T I C S E B
Z R R O T N A T R O P M I U
B S T O R Y Y M O N O C E P

Solution on Page 270

AIR
BAG
CANISTER
CARPET
CLEAN
CORD
CYCLONE
CYLINDER
DIRT
DUST
DYSON
ELECTRIC
EUREKA
FILTER
FLOOR
HANDLE
HARDWOOD
HEAVY
HOME
HOOVER
HOSE
HOUSE
LIGHT
LOUD
MACHINE
MOTOR
NOISE
NOZZLE
PLUG
PORTABLE
PUMP
PUSH
ROBOTIC
ROOM
RUG
SUCK
TOOLS
UPRIGHT
WET
WHEELS

Vacuum Cleaner

D A G F V T H G I L R H J V
Z K M I D H O O V E R O T P
O E R L Y G M O T O R U O F
R R E T S I N A C E B S O M
Q U D E O R D L L N A E L C
J E N R N P H B H I G S S W
Y T I T U U A A C H K I Q H
Z E L E C T R I C C H O M E
X P Y W R D T D Y A F N L E
T R C O W O A U C M B Z G L
F A P O B I P O L M Z T U S
M C O O R N F L O O R O L L
K D R M P D H A N D L E P B
T C I X F U O H E A V Y U A
E G U R I P S T V K C L M A
D D U S T Z E H I A R B P S

Solution on Page 270

ACCESSORY
ASCOT
BOW
CASUAL
CLIP
CLOTH
COLOR
CRAVAT
DAD
DESIGN
DOTS
DRESS
EVENT
FABRIC
FANCY
GIFT
JACKET
KNOT
LONG
MEN
NECK
OFFICE
PAISLEY
PATTERN
PIN
POLYESTER
PRESENT
PROFESSIONAL
RACK
SHIRT
SILK
STRIPE
STYLE
SUIT
TIE
TUX
WEAR
WIDE
WINDSOR
WORK

Wear a Tie

K C K W I D E J M F M C Q P
P L G G S X R T T N E V E P
Z X I Z F H D E S G S T O D
L S F A F W I T S I J L B W
O A T V F A R R N S Y J F P
N K N R H K N O T E K C A J
G L L O I C F C S D S W M A
V B V I I P A T Y D T E S P
U Y R O S S E C C A N C R W
K W D T U R S C Y O O I G P
R G Y A F N R E T T A P W K
A L L R D A L O F F I C E Z
E I X J V S B C L O T H I H
W U U A I U P R W O R K T Z
O B T A A I C L I P C P G Q
B F P U N T I N E C K C A R

Solution on Page 271

ARROWS
BE MINE
BOUQUETS
CAKE
CANDY
CARDS
COOKIE
CRUSHES
CUPS
DECORATIONS
DOILIES
EXCHANGE
FAMILY
FAVORS
FESTIVE
FLOWERS
FOOD
FORKS
FRIEND
FUN
GAMES
GARLAND
GIFT
HEART
HUGS
INVITATIONS
KISSES
LOVE
NAPKINS
PINK
PLATES
PRIZES
RED
RIBBON
ROMANCE
ROSES
SPOONS
SWEETS
VALENTINES
WHITE

Valentine's Day Celebration

G S N O I T A R O C E D R P
W A N S W O R R A X E V O L
T H R O V F O E C A R D S A
B K I L I M A H D F C B E T
E I Z T A T A M O T A V S E
P S S N E N A O I F N A S S
I S C P G V D T L L D L T E
N E C E O Q I O I S Y E E H
K S P U C O W T E V U N E S
C G F R I E N D S Q N T W U
F A V O R S K S U E U I S R
O M U S E I K O O C F N U C
R E R Z T M B E N I M E B A
K S I F N N A P K I N S B K
S R I B B O N H E A R T R E
P G J O S G U H U K P P W R

Solution on Page 271

ABACUS
ADD
ALGEBRA
ANGLES
AREA
CALCULUS
COMPUTE
COSINE
COUNT
DECIMAL
DIFFERENCE
DIGITS
DIVIDE
EQUALS
FACTOR
FIGURES
FINITE
FORMULA
FRACTION
GEOMETRY
GRAPHING
MATHEMATICS
MONEY
MULTIPLE
NEGATIVE
NUMBERS
NUMERAL
POSITIVE
PRIME
PRODUCT
QUOTIENT
RATIO
ROOT
SETS
SOLVE
SUM
TANGENT
TRIGONOMETRY
VECTOR

Mathematical

S V C O U N T N E G N A T P
L S O L V E F O R M U L A O
A E N I S O C U I D F G D S
U L T C U D O R P T R E D I
Q G R A P H I N G H A B Y T
E N E L A M I C E D C R E I
T A S C I T A M E H T A M V
I N D U N V F R F E I B I E
N U I L A E R A M B O A R V
I M G U S C R O C F N C P I
F E I S U T N E I T O U Q T
Y R T E M O E G F M O S S A
E A S H G R U S P F T R K G
N L S I O R M U L T I P L E
O O R O E V T D I V I D E N
M T T S R E B M U N U M K W

Solution on Page 271

APPLE
BASKETBALL
BISCUITS
BLESSINGS
BOARD GAME
CARD GAME
CARROTS
CIDER
CRANBERRY
DECORATION
EAT
FAMILY
FOOTBALL
FRIENDS
GRACE
GUESTS
NAPS
NOVEMBER
OLIVES
PARADE
PECAN
PIE
PLAY
POTATOES
PRAYERS
PUMPKIN
RELAX
ROLLS
SQUASH
STUFFING
TABLE
TOASTS
TRAYS
TRIMMINGS
TURKEY
TURNIP
VISIT
WALKS
WISHBONE
YAMS

Thanksgiving

R O L L S T O R R A C P E S
R E D I C A R D G Z R M D M
E V L L A B T E K S A B A A
N C B P C L S C B G N O R Y
F S A L P E Q O D M B L A F
A O T R E A U R P F E I P R
M S O U G S A A E C R V T I
I P T T F O S T C A R E O E
L P R I B F H I A R Y S A N
Y U O A U A I O N D T T S D
X M S T Y C L N S G I U T S
A P K U A E S L G A S R S U
L K L R L T R I M M I N G S
E I A K P T O S B E V I X J
R N W E S T S E U G S P A N
T R A Y S A W I S H B O N E

Solution on Page 271

ADVERTISING
BILLIONAIRE
BOOK CLUB
CALIFORNIA
CEO
CHAIRMAN
COLLEGE
COMPUTER
COURSEMATCH
DAUGHTER
DORMITORY
ENTREPRENEUR
INFLUENTIAL
INTERNET
MANDARIN
MAXIMA
MONEY
MOVIE
NETWORKING
PALO ALTO
PHILANTHROPIST
PRISCILLA CHAN
PROGRAMMER
RICH
ROOMMATES
SETTLEMENT
WEALTH
ZUCK

Mark Zuckerberg

K P N L C R E T U P M O C E
C R A I M O B U L C K O O B
U I M N P A L O A L T O U P
Z C R F M I H O Y J Z B R V
P H I L A N T H R O P I S T
R A A U N R L C O E S L E N
O D H E D O A O T C I L M E
G V C N A F E L I E N I A M
R E M T R I W L M I T O T E
A R A I I L L E R V E N C L
M T X A N A R G O O R A H T
M I I L C C O E D M N I Y T
E S M H D A U G H T E R E E
R I A G N I K R O W T E N S
E N T R E P R E N E U R O Z
O G R O O M M A T E S D M S

Solution on Page 272

AGRICULTURE
ASIA
BEET
BOILING
CANE
COMBINE
COOKING
CROP
CUBA
CUTTING
ETHANOL
FIBROUS
FIELD
FOOD
GROW
HARVEST
HAWAII
HEAT
HYBRIDS
INDUSTRY
ISLANDS
JUICE
MACHETE
MILL
MOLASSES
PLANT
PROCESSED
PURE
RAW
REED
REFINE
RUM
SOUTH AMERICA
SPECIES
STOUT
SUGAR
SWEET
TALL
TROPICS
WATER

Sugarcane

A S W E E T A L L Q F O O D
Y P R O C E S S E D J T L O
P E X U H S H E C N B E E T
U C X J M A T L U A I S A L
R I E U F E W W T F G F L P
E E T I H C G A T N U I E O
R S H C O N E N I B M O C R
U V A E I H A L N I S P S C
T M N K M L I F G H C D D W
L A O R P O S V T A I F N O
U O L A B W L U S R P I A R
C E Y G Q A O A B V O B L G
I N D U S T R Y S E R R S S
R A W S S E H P E S T O I S
G C U B A R E E D T E U L N
A C I R E M A H T U O S P C

Solution on Page 272

ACHIEVE
AFFIRM
ASPIRE
BELIEVE
BRIGHT
CAPABLE
CARING
CHEER
CONFIDENT
CONQUER
DEDICATED
DETERMINED
DREAM
EAGERNESS
ENCOURAGE
EXCELLENT
FUNNY
GOALS
HOPE
IDEALISM
JOY
KIND
LIMITLESS
LOVE
MOTIVATE
OVERCOME
PASSION
PLAN
PROUD
REWARD
STRONG
SUCCESS
SUPPORT
SURE
UPBEAT
UPLIFTING
VISION
WIN
YES
ZEAL

Be Positive!

S U C C E S S T R O N G R S
V I S I O N F U N N Y X E G
J E G N I T F I L P U Y W C
O N T K M Z N E L B A P A C
Y C R D R R E E H C C J R L
W O O E I D P A L M H E D I
I U P N F E O G L L I M N M
N R P I F D H E R B E O I I
A A U M A I I R E R V C K T
L G S R L C D N U I E R X L
P E L E S A E E Q G I E U E
R R A T U T A S N H L V P S
O I O E R E L S O T E O B S
U P G D E D I L C L B L E Q
D S N O I S S A P D R E A M
C A R I N G M O T I V A T E

Solution on Page 272

BAKE
BANANA
BATTER
BERRIES
BUTTERSCOTCH
CARAMEL
CARROT
CELEBRATE
CHIPS
CHOCOLATE
COLORFUL
DECORATED
EAT
FILLED
FLOUR
FROSTED
FUDGE
ICING
LEMON
MILK
MOCHA
NUTS
ORANGE
OVEN
PARTY
PECAN
PLAIN
PUMPKIN
SERVE
SHARING
SMALL
SPONGE
STRAWBERRY
SUGAR
SWEET
SWIRL
TASTE
VANILLA
WHITE
YELLOW

Cupcakes

C T P L R I W S W H I T E T
V W O L L E Y L E M O N K Q
Q Y T R A P A R A G U S S S
F L O U R I O T C A D A B P
N M O C H A N I K P M U P I
Q P G C H O C O L A T E F H
F E E D E C O R A T E D Q C
I C S T R A W B E R R Y E A
L A W N A R S R D V J G W R
L N E U E R S E B A N A N A
E I E T D C B I I A K L I M
D E T S O R F E R R B A K E
T A S T E H C O L O R F U L
B U C Y S P O N G E N E V O
S H A R I N G G N I C I B C
S M A L L I N A V S E R V E

Solution on Page 272

ANIMALS
ART
BALANCE
BLEND
CANVAS
CHALK
CHILDREN
COLORS
CONTENT
CRAYON
CREATIVE
DEPTH
DESIGNS
DEXTERITY
DIMENSIONS
DISTORT
DOODLE
DRAW
ERASER
FORMS
FUN
GRAPHITE
GRID
HUES
IMAGES
INK
MEDIUMS
MIXED MEDIA
OBJECTS
PASTELS
PEN
PICTURE
SCALE
SKETCH
SKILL
SMUDGE
STILL LIFE
SUPPLIES
TECHNIQUES
TRACE

Creative Drawing

O B J E C T S M U D G E G I
S K N I E B A L A N C E G M
J M L Y X V E R A S E R E A
D G R A P H I T E M I D D G
I A W O H O H T Z D I I A E
S G A Z F C U P A U M N P S
T L R M I X E D M E D I A J
O L D D N N S S N L R R S D
R I E N U F T S X A T C T P
T K S E U Q I N H C E T E I
N S I L C O L O R S E R L C
E K G B N D L C A N V A S T
T E N S E I L P P U S C G U
N T S P Y T I R E T X E D R
O C T I P M F X D O O D L E
C H I L D R E N O Y A R C P

Solution on Page 273

ALIGN
ARIES
ASTRAL
BIRTH
CANCER
CAPRICORN
CHART
CUSP
DIVINER
EARTH
EQUINOX
FATE
FINANCES
FIRE
FORECAST
FORTUNE
FUTURE
GEMINI
HOROSCOPE
HOUSE
LEO
LIBRA
MERCURY
MONTH
MOON
PATH
PISCES
PLANETS
PREDICT
ROMANCE
SATURN
SCORPIO
SEER
SIGN
SKY
STARS
SUN
TAURUS
VIRGO
WATER

Astrology

N M O N T H O U S E K C H L
F R M O O N Q T A U R U S Y
T I O G O B I R T H T A P R
K O R C F H R F U T U R E U
K I C E I O Y W R W E C O C
V P T F O R T U N E N P N R
T R R S D O P S S A I U E E
Z O A H A S E A C S S C Q M
F C H T Q C G N C T N U T N
M S C R N O E E A A I S K Y
K S T A E P S R M N L P D V
L E N E Z E S O O I S I G N
D I V I N E R X V F N N G Y
F R B A L A R T S A C I J N
Z A Z R E E L K S T L P W M
Z R E T A W O P R E D I C T

Solution on Page 273

AROMA
BAG
BLEND
BRAZIL
BREW
CAN
COARSE
CROP
CUP
DARK
DRY
FARM
FILTER
FINE
FLAVOR
FRESH
GOURMET
GRIND
HARVEST
HUSKS
JAVA
LATTE
LIGHT
MEDIUM
MOCHA
ORGANIC
PIT
PLANT
POT
PRESS
PULP
RICH
ROAST
ROBUSTA
SEEDS
SHOP
SOAK
WATER
WEIGHT
WHOLE

Coffee Roast

E P P L A N T H Q V T C J E
P H X B L E N D E O O D P B
A V A J M R H Q U H N O K R
T Z W R E E U E L O H W N X
O S U T V C S P I S Q H O I
R O A X S E K R Z D C T J H
G W R O B U S T A I N H W M
A K A U R R H T R O F G E D
N K C F M S E E B O C I G J
I S D E E S T W C A V L N S
C O T R D L H B D H P A P E
U I F R I P G N O C R T L E
P Z Y F U O I K B O E T U F
J W U N M R E R M M S E P A
O M B A G C W A S J S O V R
L K A C K I D D T H T K G M

Solution on Page 273

AMARANTH
ANNIVERSARY
AROMATIC
ARRANGE
BIRTHDAY
BRIDE
CARRY
CASCADING
CATCH
CELEBRATION
COLORFUL
CORSAGE
DAHLIA
DAISY
DATE
FERN
FLORIST
FLOWER
FRESH
GIFT
GREENS
HYDRANGEA
IRIS
LAVENDER
LEAVES
LILAC
NOSEGAY
ORCHID
PEONY
RIBBON
ROSE
SILK
THROW
TOSS
TULIP
VALENTINE
VASE
WATER
WEDDING
WRIST

Bouquet

P L Y E G N A R R A C I O W
Z W A R N T S I R O L F O A
C Q D V A I T U L I P R A T
A W H T E S T O R C H I D E
T F T A B N R N S T Y A C R
C A R R Y F D E E S D W E S
H C I E U Y G E V L R Y L I
W D B L S A N Z R I A G E L
E E E R S H O O B G N V B K
J V D R E I P B E I G N R C
A I O D R W O S D P E T A D
I C Y I I N O A E S A L T W
L E S A V N C L O V I N I R
H G I F T S G R F L A R O I
A M A R A N T H G R E E N S
D X D C I T A M O R A F L T

Solution on Page 273

BACKPACK
BEACH
BIRD
BOOTS
BUGS
CAMERA
CREEK
DEER
DIRT
EXERCISE
EXPLORE
FERNS
FISH
FLOWER
FOREST
HIKE
HILLS
INSECT
LEAVES
MEADOW
NESTS
OBSERVE
OCEAN
OUTSIDE
PLANTS
POND
PRAIRIE
QUIET
RABBITS
ROCKS
SCENIC
SHAPES
SMELL
SOIL
SOUNDS
SUN
TREE
TWIGS
WINDY
WOODS

Walk in the Woods

T D H F O R E S T I B B A R
Q K T I W E A R E M A C N S
Q D I O K K E S I C R E X E
L I O S Z E C P K S W K Z V
Z D Y D R E X P L O R E U A
S G D N Q R A L D B F D N E
G L N U A C I A S S N I U L
I L I O K H E T K E P S S Z
W E W S J M N C S R T T D H
T M E H F A O T A V B U F W
R S C A L R S I N E S O E L
E G M P O B R G A C Q S D P
E U C E W I N S E C T N Q D
J B M S E R I N C O O R E I
G K Y A R D I J O P T E J R
G W B E A C H B A C R F Q T

Solution on Page 274

BEER
BUN
CHAIRS
CHIPS
CORN
CUPS
DRINKS
FLAME
FRIENDS
GAS
GRILL
GUESTS
ICE
KEBAB
KETCHUP
MATCHES
MEAT
MUSTARD
NAPKINS
OUTSIDE
PARTY
PATIO
PORK
RELISH
RIBS
ROAST
ROLLS
SALADS
SEATING
SERVE
SMOKE
SNACKS
SODA
SPRING
STEAK
SUMMER
TONGS
TOPPINGS
VEGGIES
YARD

Tasty Barbecue

N N B E I S A G R O L L S U
Z R R F R S T N S S V K T G
S I H O U T S I D E C C P Y
C B A M C S N R G A R A G U
Y S M U L D I P N T T V U D
T E P C W A K S E I G G E V
R S W H B L P X O N U B S R
A I P A L A A U T G B D T E
P C B I P S N C H I P S S L
X E R R L D M A T C H E S K
K G V S G N I P P O T C F A
R X X K S E F H S I L E R E
O O Q N O I L K Y N L D K T
P P K I D R A T S U M O V S
H W D R A F M E A T M S W T
Y A R D R E E B D S G N O T

Solution on Page 274

ALGAE
ANIMAL
ARCHAEA
BACTERIA
BIOLOGY
BOTANY
CELL
CHROMISTA
CLASS
DIVIDED
DIVISION
DOMAIN
EMPIRES
EUKARYOTIC
FAMILY
FUNGI
GENUS
GROUP
HIERARCHY
HISTORY
KINGDOM
LIFE
LIVING
MONERA
ORGANISM
ORIGIN
PHYLA
PLANT
PROKARYOTIC
PROTISTA
RANK
RESEARCH
SCIENCE
SPECIES
SYSTEM
TAXONOMY
TREE
ZOOLOGY

Biology Names

E F I L Y L I M A F U N G I
P R O K A R Y O T I C N S S
S Z O O L O G Y O H I R E M
U S Y S T E M P R V T Y I Y
N M S Y G O L O I B O H H R
E S W P N L M L G D Y C J O
G I W O E I N N I I R R O T
L N X C S C O V N A A A D S
B A C T E R I A R T K E O I
T G A M S D S E C S U S M H
S R L O E P I A S I E E A H
S O G D R H V H P T X R I D
A U A G I Y I C B O T A N Y
L P E N P L D R A R E N O M
C A N I M A L A E P L A N T
R A N K E C N E I C S M U T

Solution on Page 274

BAG
BELT
BLANKET
BLAZER
BLOUSE
BOARD GAME
BOOTS
BOXES
CLOTHES
COAT
DRESS
FLATS
GIFTS
GOWN
HANGER
HATS
HEELS
JACKET
JEANS
LIGHT
MITTENS
MONSTER
ORGANIZER
PANTS
PICTURES
PILLOWS
PRESENTS
PURSE
ROD
SHIRT
SHOES
SKIRT
SLACKS
SOCKS
SUIT
SUSPENDERS
SWEATS
TIE
TOOLS
TOWEL

In the Closet

U J J V F X G N M F V K S P
S D R E S S N E T T I M I H
T R I H S U L Q H S H L Q S
N B O O T S E H T O L C H K
E B Q V R P G S N O J O Y I
S M L T L E B M W H E D O R
E T A A R N Z S O S A P J T
R D A G Z D B I G N N I A A
P T H H D E U L N A S C C O
A O I E S R R B A A B T K C
N W Y U E S A N O N G U E I
T E O G S L S O A X K R T R
S L N I E A S T B I E E O W
B A H F U C S T A E W S T P
H L U T S K U A V L I G H T
P U R S E S K C O S F T K J

Solution on Page 274

BILL POLIAN
CAM NEWTON
CHAMPIONSHIP
CLUB
FANS
GAME
GREG OLSEN
JERSEYS
JOHN FOX
JOHN KASAY
JOSH NORMAN
KAWANN SHORT
KEVIN GREENE
LUKE KUECHLY
MIKE TOLBERT
MORRISON
NFL
PROFESSIONAL
PURRCUSSION
REGGIE WHITE
RON RIVERA
RYAN KALIL
SEASON
SIR PURR
TEAM
THOMAS DAVIS
TITLES
TOPCATS
TRAI TURNER

Carolina Panthers

E L A N O I S S E F O R P R
M M Y R E G G I E W H I T E
A S I V A D S A M O H T M N
G N A G N O S A E S K E I R
R O T R O H S N N A W A K U
E T I A E R J O E J S M E T
G W T Y H V I S E O I B T I
O E L A N P I I R H R I O A
L N E S M J F R G N P L L R
S M S A B E A R N F U L B T
E A H K U R N O I O R P E O
N C C N L S S M V X R O R P
Z Y L H C E U K E K U L T C
D P F O R Y A N K A L I L A
A O N J O S H N O R M A N T
P P U R R C U S S I O N T S

Solution on Page 275

ANCHOR
BAY
BEACH
BOAT
CANAL
CAPTAIN
CARGO
CLEAT
COAST
COIL
CRANE
FERRY
HARBOR
JETTY
KNOT
LAKE
LAND
LINES
LOADING
MARINA
MOOR
OCEAN
PIER
PORT
REPAIR
RIVER
ROPE
SAIL
SEA
SHIP
SHORE
STERN
TIDE
TRAWLER
TUG
UNLOAD
WHARF
WORKERS
YACHT
YARD

Around the Dock

M N D Y P Y U I N N S A I L
Y O A F A Q L J L F E G A R
S R O E C B J I J A S N W E
D E B R C O T G N I D A O L
B F A R M O A I I E P O R W
J N Y Y Q T R S A K S B K A
E R O H S A E O T A O B E R
T O N K M L P J P L G D R T
T E L I O C A O A W I O S C
Y S P K N G I N C T H C A Y
L D O I R B R U A C A A M A
I S R G H I E A N C R C R K
G P T R V S I A C L B L T F
F L P E P P P H C Q O E R G
N G R I R F J K A H R A U C
Q S M P H N Z F V Q M T D S

Solution on Page 275

BENTLEY
BEST
BIRTHDAY
BOAT
CUSTOM
DAZZLING
DISTINCT
EMERALDS
EXCLUSIVE
EXPENSIVE
FANTASY
FORTUNE
GOLD
GREATEST
HOUSE
ISLAND
JEWELRY
MANSION
MASSAGE
MEMORABLE
MONEY
PEARLS
PLATINUM
PRESENT
ROLEX
RUBIES
SAPPHIRES
SILVER
SPECIAL
SPLENDID
STUNNED
TOUR
TREASURE
TRIP
TRUCK
UNUSUAL
WEDDING

Extravagant Gifts

G E X P E N S I V E S U O H
N S T U N N E D X T R U C K
I N M U L A I C E P S G E E
D L O G N I L Z Z A D M U G
D V N I W U Y N T S E B R A
E S E Z S D S S Y R T E B S
W P Y I A N Y U A P A S T S
M L V H P A A L A T I C L A
U E N J P L D M E L N R T M
N N M R H S H S V I A A T F
I D O O I I T E T E O B F O
T I T L R N R S P B T O U R
A D S E E A I P R E S E N T
L G U X S D B E N T L E Y U
P L C J E W E L R Y N R K N
S E I B U R T R E A S U R E

Solution on Page 275

BARBER
BIOTIN
BLOND
BRUSH
CLEAN
CLIPS
COLOR
COMB
COSMETOLOGY
CUT
DRY
DYE
GEL
HAIR
HEALTH
HYGIENE
IRON
MOUSSE
OIL
PART
PERM
PROCESS
PRODUCT
PROTEIN
RELAXER
RIBBON
SALON
SCISSORS
SHAVE
SHINE
SHOWER
SMOOTH
SPA
STRAIGHTEN
STYLE
TOWEL
TREATMENT
TRIM
WASH
WATER

Hair Care

E C G Q D U H G K A B F I T
Q Z U R Y W H Y G I E N E H
E L Y T S Y S H O W E R T T
R R G U G U S U T T B O C H
I E O E S O E P H J O U S K
B V L N W P N G R M D U H D
B A O A S C I S S O R S A N
O H T T X A H L R B C I I O
N S E T R E S P C E B E R L
P S M T T E R C Y I T I S B
E S S U O M A D O O T A A S
R P O L W B H T R M S R W P
M E C Y E L I P M A B R A A
I S X N L N I C L E A N S P
R A U W C O L O R X N F H Q
T Z T I R O N H E A L T H V

Solution on Page 275

AARON
ABBY
ABEL
ABNER
ACE
ADELE
ADIE
ADOLPH
ADRIAN
AGATHA
AHAB
ALADDIN
ALBERT
ALEX
ALFRED
ALICE
ALLAN
ALVIN
ALYSSA
AMY
ANASTASIA
ANDREA
ANGELA
ANITA
ANNA
ANTON
APRIL
ARCHIBALD
ARIEL
ARLAN
ARNOLD
ARTHUR
ASHLEY
ASHTON
ASPEN
ATHENA
AUBREY
AUGUST
AUSTIN
AVA

They Start with *A*

O U F V R L E B A M Y R E R
J N U A E F Q T S U G U A U
J O N I D D A L A R T H U R
R R R S N A I R D A V A B L
V A Z A S E L S R L B L R I
S A S T A L I C E B R L E R
P A N S W T H D Y E D A Y P
I L A A Y I K E A R E N B A
H F D N B L L N I T A B N N
N R O A N H A N I V L A O I
E E L G S A N L A T L H T T
P D P A A E D B E R S A H A
S X H T N E R N A G L U S K
A N E H T A E D L O N R A Q
X E L A O B A D E L E A C E
Z T Y E N C A A P N H M M W

Solution on Page 276

AEROBIC
ATHLETIC
BREATHE
CARDIO
CRAMP
DASH
DOG
ENERGY
EXERT
FITNESS
FORM
FRESH AIR
HEART
LAPS
LEGS
LEISURELY
MORNING
MUSIC
PACE
PARK
PATH
POSTURE
RECREATION
ROAD
ROUTE
RUN
SHOES
SLOW
SOCKS
SPRINT
STEADY
STRETCH
STRIDE
SWEAT
TIME
TIRED
TREADMILL
TROT
WARM
WATER

Running

R E N E R G Y S F B D F Q R
T E R O U T E C A P A R K A
T E T R I A H S E R F L X J
O Y D A E T S E O H S L G X
R N S F W X A T L J A I N I
T W O L S L E E R E J M Q G
I R C A A H I R R I Q D D F
M C K P L S E O T C D A O R
E I S S U E B A A Q E E G C
Y T S R U I G N R K H R P R
V E E T C V N S U T X T Z A
Z L N A N R I C A R D I O M
Y H T E A I N E R U T S O P
W T I W S T R E T C H S A D
E A F S U B O P D E R I T B
C P D W A R M U S I C G E F

Solution on Page 276

BATH
BED
BLANKET
BRUSH
CLEAN
COVERS
COZY
CUDDLE
CURFEW
DARK
DRIFT
LATE
LIGHTS
LULLABY
MILK
MOON
MUSIC
NIGHT
NOD
PAJAMAS
PILLOW
QUIET
READ
RELAX
RESTFUL
ROUTINE
SANDMAN
SHEEP
SHOWER
SLEEP
SOFT
SOOTHE
STARS
STORY
SUNSET
TEDDY
TIRED
TUCK
WARM
YAWN

Ready for Bed

Z S S R E V O C Q N N Y S I
W O D T N N G D E R I T H W
N O T V H F I T Z L G J O E
N T L E C G E T L H H T W F
M H M L K R I L U F T S E R
O E E D I N E L L O A A R U
O A Q D R P A L L M R N E C
N W Z U K I H L A H L D S Z
A W M C I R F J B X U M Q M
P S A Z Q E A T Y H T A W U
X Q X Y X P T D T E S N U S
I K T D R E A D D R H U C I
P Y B F N E N D A T E B R C
C S Z A O L Y T U T E L I B
L Y R O T S S C A D P G S C
H R L E C H K L I M R A W I

Solution on Page 276

ADVERTISING
BRAND
BUSINESS
COLOR
COMMERCIAL
COMPANY
CONSUMER
CORPORATION
COURT
DILUTION
EMBLEM
EXCLUSIVE
IDENTIFY
IMAGE
INDICATOR
INDIVIDUAL
INFRINGEMENT
INVENTION
LAW
LOGO
MARK
NAME
ORGANIZATION
ORIGINAL
OWN
PATENT
PENDING
PHRASE
PICTURE
PRODUCT
PROPERTY
PROTECTED
REGISTER
RIGHTS
SIGN
SYMBOL
WORD

Trademark Law

Y N A P M O C P I C T U R E
I R O T A C I D N I Y S C A
N N O I T U L I D T R U O C
V Y F I T N E D I O G O L J
E T O R G A N I Z A T I O N
N R L A I C R E M M O C R E
T E S L Q N L O M A R K X E
I P I A D R G A P B G C C S
O O G U E C E E W R L E S T
N R N D T W O T M U O E Y C
R P I I C O W N S E N C M U
I A D V E R T I S I N G B D
G T N I T D V A S U G T O O
H E E D O E R U N A M E L R
T N P N R H B R A N D E R P
S T I I P M L A N I G I R O

Solution on Page 276

BOARD
CAFE
CHEF
CHINESE
CHOICE
CHOOSE
COOK
COST
CUISINE
DESSERT
DIET
DINER
DISHES
DRINKS
EAT
FISH
FOOD
FRIES
ITEM
KIDS
LAMINATED
LIST
LUNCH
MAIN COURSE
MEXICAN
OFFERINGS
ORDER
PAPER
PHOTOS
PRICE
RESTAURANT
SALAD
SERVER
SIDES
SOUP
SPECIAL
TABLE
TIP
VARIETY
WINE

On the Menu

T X K D P Y A D E L B A T D
R S O T O H P L R C B J A T
L O O F S O U P G X I L F F
F Z C C F Q R P B O A R D E
I A C L T E A D W S E H P H
T S U E I P R I E S O O H C
E E I S E S N I T R P O E O
M D S R D E T A N I M A L S
E I I U D I U S T G T X P E
X S N O P R T R E S S E D H
I E E C A F S D I K C S C S
C C C N D I V A R I E T Y I
A A T I I S R B A I E U P D
N F N A O H G L H C N U L E
B E Q M F H C R K K R K W O
R K N T W O C R E V R E S B

Solution on Page 277

ABSCESS
ACCIDENT
ANEMIA
BANDAGE
BONES
CARE
CHECKUP
CLINIC
CURE
DIAGNOSIS
DOCTOR
ECZEMA
EMERGENCY
FLU
FRACTURE
GALLSTONE
HELP
HOSPITAL
HURT
INFECTION
INJURY
NEEDLE
NURSE
OFFICE
PAIN
PHARMACY
PILLS
PNEUMONIA
SCANS
SCREEN
SHOT
SPRAIN
STITCHES
SYRINGE
TEST
URGENT
VACCINE
VISIT
WEIGHT
WOUND

Medical Treatment

A R V I S I T B W O U N D C
H O S P I T A L Q E R U C H
S T M S T I T C H E S R E E
E C A R E A B S C E S S L C
C O R K N Y A I L I T E D K
Z D F E S T N N I S D S E U
E E M F E N D F N E F E E P
M I M C I N A E I N E N N T
A P L E H C G C C O R E I T
I N J U R Y E T S B U G A N
S I S O N G A I D M T N R E
V A C C I N E O O U C I P G
G A L L S T O N E U A R S R
T O H S L L I P C S R Y F U
P H A R M A C Y N Y F S L E
W J V H P W E I G H T R U H

Solution on Page 277

ARCH
BANK
BARRAGE
BARRIER
BEAVER
BLOCK
BRIDGE
BUILD
CEMENT
CONCRETE
CONTROL
DIKE
DRY
ENERGY
FLOW
GRAVITY
HEIGHT
HOOVER
IRRIGATION
LAKE
LEVEE
LOGS
NATURAL
POWER
RESERVOIR
RETAIN
RIVER
SADDLE
SAND
SPILLWAY
STEEL
STORAGE
STREAM
STRUCTURE
TIMBER
WALL
WATER
WEIR
WOOD

Dams

K A A A K V V E Y X B S F W
P H R C D W S L A R U T A N
D C O I O T E R W E I E P W
H L K O O E E G L T L E O P
B E D R V V I U L A D L O A
T P A E A E R O I I F W D V
W G L E L B R E P N E Y Q C
E P B D R T I F S R K D M S
I E D E N T G B H E I G H T
R A T O N B A Y A I R T E R
S A C E R U T C U R T S N E
W E M I R I I I B R R S E A
U E D E V C O A M A E A R M
C G V A R D N A S B L O G S
E I R L A K E O R A E V Y E
R G L L A W T H C I D R Y I

Solution on Page 277

ASTRO
BED
BIG
BUSINESS
CHEVY
CHILDREN
COMMERCIAL
CONVERSION
DELIVERY
DODGE
DOORS
DRIVE
DRY VAN
ECONOLINE
ENGINE
FORD
GOODS
HAUL
HONDA
LARGE
LONG
METAL
MINI
MOVING
PANEL
PASSENGER
PEOPLE
RENTAL
RIDE
SAFETY
SEATS
TOYOTA
TRANSPORT
TRAVEL
VEHICLE
VOLKSWAGEN
WHEELS
WINDOWS
WORK

Drive a Van

N R E N T A L V X M R N T I
A L E D I R W H E E L S R O
V T O Y O T A T G H Q Y A E
Y O B N W N A N G O I P V L
R O L U G L E E S E O C E P
D B R K S S N R C P O D L O
D O O R S I E O D M O W S E
R D I A G W N G M L W R T P
O E P N S O A E D A I C T A
F L E Z L A R G S O N H G N
G I M I C C F T E S D W C E
I V N O I S R E V N O C H L
B E D A V O V F T R W J E T
O R L T M I N I K Y S C V N
R Y R M R G N S T A E S Y H
H O N D A H E G R A L U A H

Solution on Page 277

ACTIVITIES
ADVENTURE
AGING
AWARD
BENEFITS
CAKE
CAREER
CELEBRATE
COCKTAILS
COMMUNITY
DRAWING
EARLY
EASYGOING
EXERCISE
FAMILY
FISHING
FREEDOM
GARDENING
GOLFING
HOME
INCOME
LEISURE
MENTORING
PHOTOGRAPHY
PLANNING
POOLSIDE
READ
RELAX
RETIREMENT
SAILING
SAVINGS
TIME
VACATION
VOLUNTEER
WRITING

Retirement Life

B N C G N I L I A S J G P Y
C G N I W A R D F E N H O L
A N S G N I V A S I O G O R
R E T I R E M E N T N N L A
E M O C N I R N O I A I S E
E O V T L U A G O V K H I X
R H U Y S L R G V I E S D E
E R A I P A Y A D T G I E R
E E E W P S C A A C N F M C
T L Q H A A E R J A I N I I
N A Y E T R B E N E F I T S
U G N I N E D R A G L M X E
L I O S L I A T K C O C A K
O N M E N T O R I N G F L A
V G C O M M U N I T Y J E C
F R E E D O M G N I T I R W

Solution on Page 278

BIKINI
BLANKET
BOATING
BONFIRE
BUCKET
CASTLE
COAST
COOLER
DOLPHINS
EAT
FISHING
FLOAT
FRISBEE
FUN
HOT
KIDS
LOUNGE CHAIR
LUNCH
MUSIC
NAPPING
PAIL
PARADISE
PICNIC
PLAY
RELAX
REST
RUNNING
SALTY
SAND
SHELLS
SUN
SWIM TRUNKS
SWIMMING
TANNING
TOWEL
TOYS
VOLLEYBALL
WATER
WAVES
WIND

At the Beach

P W A V E S G T O W E L N Q
L L A B Y E L L O V F S U N
U O W T A R X A L E R S F C
N R U T E W C I N C I P L N
C S K N U R T M I W S L O V
H W D K G S J S O P B A A S
Z I T I A E D N E A E Y T T
Q M T O K R C I B R E B E S
G M C S H I A H L A K I K J
G I A L Y F S P A D L K C R
N N F L T N T L N I Z I U E
I G I E L O L O K S R N B L
P A D H A B E D E E N I D O
P E N S S B O A T I N G N O
A T A N N I N G N M U S I C
N R S Y O T F G I B I M W I

Solution on Page 278

AIR
ALTO
BAND
BARITONE
BASS
BELL
BLOW
BLUES
BRASS
CASE
CLARINET
CLASSICAL
CLINTON
CONCERT
ENSEMBLE
GOLD
HORN
JAZZ
KENNY G
KEYS
LEARNING
MELODY
METAL
MILITARY
MOUTHPIECE
MUSIC
NOTES
ORCHESTRA
PLAY
REED
SAX
SHINY
SMOOTH
SOLO
SOPRANO
SOUND
SYMPHONY
TENOR
TONE HOLES
WIND

Play a Saxophone

A W P T L A T E M L S W Z N
V T O N A R P O S Y V S Z F
K N H L E L O A E R Y E A F
F D R C B U T K Z A N T J B
K M N O A G L O H T O O M S
T O N E H O L E S I H N A O
C U G N I N R A E L P T U U
A T D L O G P C Y I M S X N
S H X D Y X L A H M Y A T D
E P N N N E L B M E S N E E
M I N V D P Y N I H S O N E
W E N O T I R A B B A T I R
K C L A S S I C A L R N R B
T E N O R R R K Z U B I A A
O W L T D G V L L E B L L N
S O F A I Y P M U S I C C D

Solution on Page 278

ACCOUNT
ADVERTISING
ASSETS
BILLS
BUILDING
BUYING
CAPITAL
CAREER
CLERK
CLIENT
COMMERCE
COMMODITY
COMPANY
COOPERATIVE
EMPLOYEE
ENTERPRISE
EQUITY
FINANCIAL
JOB
LABOR
LEASE
MONEY
OCCUPATION
OFFICE
PRODUCT
PROFIT
PROPERTY
PROPRIETOR
PUBLIC
RENT
RESOURCES
SELLING
STAFF
STOCK
SUIT
TRADE
UTILITIES
WORK

Down to Business

C S L L I B Y N A P M O C F
A A E A M Y P R O P E R T Y
P L R I B O T G S N C L F N
I G H E T O N I S T R E F G
T A N Y E I R E D W E A A F
A C S I D R L V Y O M S T I
L C U L S L R I Y R M E S N
J O I J I I O T T K O M E A
O U T N O I T A P U C C O N
B N G E N T E R P R I S E C
U T R A D E I E E F O K C I
Y T C U D O R P F V R F L A
I C I L B U P O Z E D P I L
N S T O C K O O L R V A E T
G R E S O U R C E S R E N T
T E E Y O L P M E Q U I T Y

Solution on Page 278

BLOOM
BUDDING
BULB
BUSH
COLORFUL
CULTIVATE
DIRT
FERTILIZE
FLOURISH
FLOWER
FRUIT
GLOVES
GREEN
GROW
HARVEST
HEDGE
HERB
HOE
LEAVES
MINERALS
NOURISH
NUTRIENTS
OUTDOOR
PEAT
PLANT
POTS
RAKE
SAPLING
SEED
SKILL
SOW
SPROUT
SUNLIGHT
TALENT
TOPIARY
TREES
VITAMINS
WATER
WEED
YARD

Growing Plants

D R A Y M T G F L O W E R M
J A D S U N L I G H T Z H Q
H K D E I F W P E A T I Z Z
B E M D E O X T V V I L U B
U F D O R S R I T S E I F U
L U L G O E T I I A C T T S
B Y L O E L O N V P O R A H
G R I S U U B E E L L E L S
A A K C T R S V O I O F E I
T I S D E S I T H N R H N R
I P O H E T E S N G F T T U
U O T V A R N V H A U W U O
R T O M M I N E R A L S O N
F L I X K D N W E A X P R S
G N D E E W A T E R H W P X
S T O P Q E W C J B G Z S Y

Solution on Page 279

BASKET
BED
BIN
BOOKS
BUCKET
CHAIR
CLOCK
COMPUTER
COOKWARE
COUCH
CUPS
CURTAIN
DISHES
FAN
FRAMES
FUTON
GLASSES
HAMPER
HANGERS
KETTLE
LAMP
LINENS
MICROWAVE
MIRROR
MOP
MUG
PANS
PHONE
PICTURES
PILLOWS
PLANT
PLUNGER
POTS
STEREO
STOVE
SWITCH
TABLE
UTENSILS
VACUUM
WASHER

Around the House

C B B J E I G S N R K J S K
S T O P P S N K E T T L E A
M A F M T E C P S H C U O C
I B A E N O M E R D S N B T
R L R I L A M E E C E I T N
R E L C H J V V G R M A D A
O S C H B O A B N E A T B L
R W B O T W U A A H R R U P
E O E S O C F S H S F U I C
T L S R K K P S H A K C N P
U L C E R O W L P W T E O V
P I T I S I O A U U M M T A
M P A N T S Z B R N C F U C
O H A C D Y A E C E G D F U
C P H O N E S L I S N E T U
B R X E R D M U G N I B R M

Solution on Page 279

BANDANA
BLANKET
BOOTS
CANDLES
CANTEEN
CHLORINE
COMPASS
FIRST AID
FLARES
FLEECE
FLINT
FOOD
GLOVES
GPS
HAT
KINDLING
KNIFE
LANTERN
LIGHTER
MAP
MEDICAL KIT
MIRROR
PONCHO
RADIO
RATIONS
ROPE
SAW
SCISSORS
SEWING KIT
SLEEPING BAG
SUNGLASSES
SUPPLIES
TAPE
TARP
TENT
TWEEZERS
TWINE
WATER
WHISTLE
WIRE

Survival Kit

W A T E R P T T W I N E I L
A H E B T W E E Z E R S I F
S K F O C H L O R I N E C L
T D I O S U P P L I E S A A
H I N T I K G N I W E S N R
S A K S N R E T N A L A D E
N T B L A N K E T E D L L S
O S D C A N T E E N J G E E
I R O P E C A P A M N N S V
T I O M G G I B M I T U S O
A F F L I N T D L I A S A L
R E T H G I L D E G R W P G
A T A B T E N T P M P R M W
D T A S C I S S O R S C O I
I G U P K W H I S T L E C R
O E C E E L F P O N C H O E

Solution on Page 279

AUTO
BOXSTER
CAR
CLASSY
COMPANY
CONVERTIBLE
COUPE
DESIGN
DRIVING
ENGINE
EUROPEAN
EXPENSIVE
FAST
FUN
GERMAN
HYBRID
LEATHER
LOW
LUXURY
MODEL
MONEY
PANAMERA
PAYMENT
PERFORMANCE
QUALITY
RACE
RED
RICH
ROAD
SHINY
SLEEK
SMALL
SPEED
SPORTS
SPYDER
STATUS
STUTTGART
SUV
TURBO
VOLKSWAGEN

Driving a Porsche

A S P Y D E R F G S U S D I
S P E E D Q V J H E V I S S
S P O R T S G I Y U R C U A
T O E M I C N T S B O M T P
S R T R O Y I O Y N K W A A
W E A U F L V H V F E D T N
P D P G A O I E Y A E P S A
C E Z U T U R B O S L S X M
O N Q K V T D M I T S M N E
M G H C I R U G A B D A O R
P I F B F U N T C N E L L A
A N L E D O M R S P C L S C
N E G A W S K L O V A E C E
Y B O X S T E R E H T A E L
P W O L U X U R Y E N O M T
M L O T N E M Y A P A S Q T

Solution on Page 279

APRIL
AUGUST
AVAILABLE
BUSY
DAY
DECEMBER
DUE
ERRAND
EVENT
FEBRUARY
GIG
INTERVIEW
JANUARY
JULY
JUNE
LOG
LUNAR
MAY
MEMOS
MONTH
NOTES
NOVEMBER
OCTOBER
PAPER
PARTY
PAY PERIOD
PLANNER
POCKET
RECORD
REMINDER
SEASON
SEPTEMBER
SESSION
TABLE
TIME
UPCOMING
VACATION
WALL
WEEK
YEAR

On the Calendar

R S S U A J N W E E K Y Z H
E E E O P X D R O C E R R R
P T S A T C T E K C O P E L
A O S D S I O B U S Y D B L
P N I M O O M M G C N N O A
P O O O E I N E I I M A T W
F V N N V L R C M N G R C E
S E P T E M B E R O G R O I
N M B H N F R D P S S E J V
L B A R T A B L E Y J R U R
I E R Y U A V A I L A B L E
R R V A C A T I O N N P Y T
P L A N N E R A U G U S T N
A W T D N U K Y T R A P N I
Z H T U U A L O G X R A E Y
G G J E C E D D D A Y M A U

Solution on Page 280

APPLAUD
AUDITIONS
CAPTAIN
CARTWHEEL
CHANT
CHEER
CHOREOGRAPH
CLAP
COACH
COLORS
COMPETITION
DANCE
ENCOURAGE
FLAGS
FLIP
FOOTBALL
FORMATIONS
GAME
HANDSPRING
HANDSTAND
HOLLER
JUMPS
LEAP
MOTIVATE
POPULAR
POSES
PRACTICE
PYRAMID
RALLY
ROOT
ROUTINE
SIDELINE
SPIRIT
SPOTTERS
STUNTS
TEAM
TUMBLING
UNIFORM

Cheerleading

J H O L L E R O U T I N E F
U C C O L O R S R E E H C L
M A H A N D S P R I N G I A
P O E P P O P U L A R F T G
S C D N A T S D N A H O C S
M L S S I R A L L Y O O A A
R E S R N L G I Q R M T R P
O E T P E O E O N P S B P P
F H N A I T I D E I E A T L
I W U E V R T T I R S L N A
N T T L F I I O A S O L A U
U R S W L T T T P M P H H D
T A U D I T I O N S R A C A
E C C O P Y R A M I D O L N
A E N C O U R A G E N E F C
M T U M B L I N G A M E G E

Solution on Page 280

BEAK
BILL
CHICKS
CUCKOO
DOVE
DUCK
EAGLE
EGG
EXTINCTION
FALCON
FEATHER
FINCH
FLY
FOOD
GOOSE
HAWK
HUMMINGBIRD
MIGRATE
NEST
ORNITHOLOGY
OSTRICH
OWL
PARROT
PECK
PENGUIN
PERCH
PIGEON
PLUMAGE
PREY
ROBIN
SEEDS
SING
SOAR
SONG
SWAN
TAIL
TREE
TURKEY
VERTEBRATE
WING

Birds

O M A N A W S Y C K O B O Y
Y F C T O S I E T S E N M E
U A U U H K T F E A T H E R
T L C K Y C E U K D U T T P
S C K Z Z I I K R M S A A I
D O O F N H N R M K L I R Y
K N O I T C N I T X E L G H
F C I A W I N G U S Y Y I K
P L U M A G E H V G O Z M B
X U Y D B S T N F I N C H O
O R N I T H O L O G Y E X I
V E R T E B R A T E A Z P G
W D S O S D R K R G G E N N
V O T O B A A C L V R I R O
K V L W O I P E J C S H P S
E E R T H G N P H A W K X M

Solution on Page 280

AKC
BACK
BARK
BLACK
BROWN
CANINE
CHASE
COLOR
COMPANION
CUTE
DOG
EARS
EXERCISE
FUR
HOUND
HUNT
KENNEL
LEASH
LEGS
LONG
LOYAL
MINI
MUSCULAR
PAWS
PET
PIEBALD
PUPPY
RABBIT
RACE
SCENT
SHORT
SIT
SMALL
SNOUT
STUBBY
TAN
TRAIN
WALK
WHITE
WIENER

Cute Dachshunds

W S U H F B E S N K D E E C
S H C L S S R R T L H W A M
A O I E I A A O A K C N R M
A R Z T N C E B W V I J S W
D T U W E T E L E N N E K L
U E M E S I C R E X E C C T
S W T M P B O A B S A S A V
G T A U H B M L D L A N B K
E L P L C A P U B H M H R H
L P D D K R A C B O F A C U
Y C G N E O N S T U B B Y N
T U O N S L I U R N I A R T
F E E W O O O M Q D N M E Z
L I A Y N C N M I G O P L L
W P A U S S Q W X N V H P R
S L O N G O D W T I I I P E

Solution on Page 280

ACTIVISM
AMERICAN
BERNARD
BROOKLYN
BUDGET
BURLINGTON
CANDIDATE
CARPENTER
CAUCUSING
CHAIR
COMMITTEE
CONGRESS
DEBATES
DEMOCRAT
FILIBUSTER
FILMMAKER
LEFT
MAYOR
NEW YORK
ORGANIZER
OUTSPOKEN
POLICIES
PROFESSOR
PROMINENCE
REFORM
REPUTATION
RESEARCHER
SOCIALISM
VOICE
VOTE
WRITER

Bernie Sanders

K C H A I R O S S E F O R P
D M A Y O R G A N I Z E R X
E N A C I R E M A R K F X V
B R O O K L Y N E A I S S J
A Y N M D P Q F M L H Z O R
T E O M P R O M I N E N C E
E M T I Z R L B G O T E I H
S S G T M I U N S I A K A C
S I N T F S I T E T D O L R
E V I E T S E A I A I P I A
R I L E U G L R C T D S S E
G T R C D V E C I U N T M S
N C U U O T F O L P A U V E
O A B I I E T M O E C O O R
C N C R E T N E P R A C T V
N E W Y O R K D R A N R E B

Solution on Page 281

ART
BAMBOO
BIGHT
BLANKET
CABLE
COLOR
COUNT
CRAFT
DESIGN
FABRIC
GAUGE
HAT
HOBBY
HOOK
KNIT
LACE
LENGTH
LONG
LOOP
MATERIALS
METAL
PAIR
PATTERN
PIN
POINT
ROD
SETS
SEWING
SINGLE
SIZE
SOCKS
STITCH
STRAIGHT
TAPER
TECHNIQUES
THIN
TOOL
WEAVE
WOOD
WORK

Know Your Knitting

L B G B U C X W H L L S D H
N I P N V S L O O P O E O J
I A M E O T N U O C O L O R
H K Z Q B L A N K E T G W T
T I N K X P A T T E R N N H
S A Y G P N S K C O S I Y U
U U P M S G G H K I O S M Z
K U U E E B N I C P R Y E D
M A T E R I A L S T C B T H
K S F I Q S L M M E I A A H
Y F A U I E E A B W D T L F
P P E K C W N S C O E F S V
U S T R A I G H T E O A G P
H R T O B N T H G I B R V Z
A X V W L G H O B B Y C O E
T W T O E G U A G I Y R E D

Solution on Page 281

APRON
BASTE
BEAT
BLEND
BOWL
BREAD
BROWN
CAKE
CASSEROLE
COOL
CREAM
CRUST
CUP
EGGS
FLOUR
GLAZE
GOURMET
HEAT
INGREDIENTS
KNEAD
MIX
OVEN
PAN
POWDER
RACK
RECIPE
RISE
ROLLER
SALT
SEASONED
SHAPE
SODA
SPOON
STIR
SUGAR
TEMPERATURE
TIMER
WATER
WHIP
YEAST

Bake It

F B J H Y W B O W L P P H Y
M E E N E J R D R A A T L H
F A R F A O V E N I T A R H
T S P U S V L N D M A E R C
Y C M R T L Z O C W P B R O
Z A N J O A D S B I O I U O
L S S R T N R A C K D P H L
F S T N E I D E R G N I I W
C E T L M K R S P M A B T N
S R B S R C N N H M P A I W
T O G N U U F E Y J E S M O
E L D P O R O G A E K T E R
J E A A G A C L P D A E R B
E M I S G G E A F J C S M Z
T L P L Y U H Z J S T I R V
B N O O P S F E J Y X R S Z

Solution on Page 281

BARTER
BUY
CAPITAL
COMMODITY
COMPETE
CONSUMER
CORPORATE
DEMAND
DOLLAR
ECONOMY
EXCHANGE
FINANCE
FORCES
GOODS
GOVERNMENT
INFLATION
INNOVATION
INVESTMENT
LABOR
LAWS
MARKET
MONEY
NEED
OWNERSHIP
PRICE
PRODUCER
PROFIT
REGULATIONS
RESOURCES
SELL
SERVICES
STOCK
TAKEOVER
TRADE
TREASURY
VALUE
WAGE

Capitalistic

E D A R T E K R A M W A G E
L T R E A S U R Y E C I R P
D O L L A R E T R A B Y U R
L E S J S P I H S R E N W O
A E E N D D E M A N D B N D
T T Q N O A N L O W E G S U
I A Y M O I C M S G S O E C
P R M N G I T O N E S V C E
A O O S O G T A N E C E R R
C P N B E I H A L S M R U T
O R O U A C T L V U U N O I
M O C Y X L I A K O G M S F
P C E E U L A V L C N E E O
E T A K E O V E R F O N R R
T S I N V E S T M E N T I P
E C N A N I F L A W S I S C

Solution on Page 281

ACOUSTIC
AMPLIFIER
APPLAUSE
AUDIENCE
BAND CAMP
BASS
BATON
BRASS
CLARINET
CONDUCTOR
COUNTRY
DRUMS
ELECTRIC
ENCORE
FAMOUS
FANS
FIDDLE
GIG
GROUPIES
GUITAR
HARMONICA
KEYBOARD
MARCH
PARADE
POP
PRACTICE
ROADIES
ROCK
SAXOPHONE
SINGER
SOLO
SPEAKERS
STAGE
STRINGS
TROMBONE
TRUMPET
TUBA
VOCALIST
XYLOPHONE

Make Music

G I G C I R T C E L E S O F
V E C I T C A R P R N L R I
T D C I T S U O C A O K E D
S R A T I U G T F S H C G D
R A U B A N D C A M P O N L
E O X M A D R U M S O R I E
K B A O P S N D P E L G S D
A Y V C P E S N L C Y R C A
E E O O I H T O I N X O L R
P K C U S N O C F E T U A A
S N A N E H O N I I U P R P
S O L T I C P M E D B I I E
A T I R D R O V R U A E N G
R A S Y A A P P L A U S E A
B B T R O M B O N E H B T T
S G N I R T S U O M A F N S

Solution on Page 282

AMPHIBIAN
AREAS
BENEFIT
BIRDLIFE
BOREAL
COASTAL
DIVERSITY
ECOLOGY
ENHANCE
FAUNA
FEATURES
FISH
FOREST
HABITATS
HUMANITY
LANDSCAPE
LAWS
MAMMALS
MANAGED
MARINE
MIGRATORY
NATIONAL
NATURAL
NEST
OWLS
PLANTS
PRESERVE
PRIVATE
REFUGE
REPTILE
RESEARCH
RESOURCES
SPECIAL
THREATS
TREES
TUNDRA
WEB
WILDLIFE

Nature Reserve

B E N E F I T A R E A S Z S
S Y R G P R I V A T E P B T
T R F U M A R I N E W E I A
N O O F O S C A B T V C R E
A T R E Y T I S R E V I D R
L A E R O B T E D S W A L H
P R S M I A E C H N L L I T
E G T H T S E R U T A E F U
C I P I O C L U M W N L E N
N M B R D O I O A I O A C D
A A R D E A T S N L I R O R
H K K E G S P E I D T U L A
N E S T A T E R T L A T O F
E F A U N A R R Y I N A G I
M A M M A L S Z V F I N Y S
S L W O M H R E S E A R C H

Solution on Page 282

AMERICA
AREA
BEACH
BEEF
BOLIVIA
BRAZIL
BUENOS AIRES
CLIMATE
COUNTRY
CULTURE
EMPANADAS
EVITA
FEDERATION
GAUCHO
GEOGRAPHY
HISTORY
LAND
LATIN
LITERATURE
MOUNTAINS
MUSIC
NATURE
PAMPAS
PARAGUAY
PATAGONIA
PESO
PLAINS
POLITICS
PROVINCE
REPUBLIC
SILVER
SOCCER
SPAIN
SUBTROPICAL
TANGO
TOURIST
TRAVEL
WINE

Argentina

O N N A T U R E P U B L I C
S I L V E R U T L U C E R S
E A C L I M A T E S C E A N
P P L D N A L N A N C D I I
B S U B T R O P I C A L N A
E X A S R S M V O N H I O L
A F N N A A O S A S T T G P
C E T I P R Z P C A R E A A
H D R A P W M I L U O R T T
I E A T I E T C L G A A A I
S R V N R I I O R G M T P V
T A E U L S H A U M E U O E
O T L O U C P A F R R R G F
R I P M U H Y J Q O I E N E
Y O F A Y R T N U O C S A E
H N G Q B O L I V I A W T B

Solution on Page 282

BEADS
BRASS
CHROME
COIN
COPPER
CROWN
DIME
DISCO BALL
DISHES
EMERALD
FOIL
GEMS
GLASS
GLITTER
GLOSS
GOLD
HAIR
JEWELRY
LIGHTS
MARBLES
MEDAL
METAL
MIRROR
NICKEL
PEARLS
PENNY
PLATINUM
QUARTZ
REFLECTION
RUBY
SILVER
SPOON
STAR
STEEL
SUN
TIARA
TINSEL
TROPHY
WATER
WINDOWS

Things That Shine

N I O C R L E E T S S O L G
O L E I U N A I D W D M G D
O W A F B U N S I O M A E X
P H D D Y S L E S D J T E G
S I L V E R P H C N E I O B
C R O L A M L S O I W A Y Q
M O G E J F A I B W E R M M
V R P I Z U T D A S L A W J
O R L P R C I D L A R E M E
Y I I G E H N R L B Y M W V
H M O L T R U N L X Z I E Y
P M F I A O M E I N X D V N
O E R T W M S Y G C R O W N
R T H T V E X G H N K A A E
T A G E Q U A R T Z G E T P
V L H R G L A S S A R B L S

Solution on Page 282

APPLES
BEER
CAKE
CARROTS
CELERY
CHEESE
CREAM
DAIRY
DRESSING
EGGS
FRUIT
JAM
JELLY
JUICE
KETCHUP
LEFTOVERS
LEMONADE
LETTUCE
LIGHT BULB
MARGARINE
MEAT
MILK
MUSHROOMS
MUSTARD
OLIVES
ONION
ORANGES
PEPPERS
PICKLES
PLUM
RELISH
ROLLS
SALSA
SAUCE
SHELVES
SODA
SYRUP
TEA
TOMATOES
YOGURT

Refrigerator Contents

S L J E L L Y J Z M A E R C
H S E E K A C T R U G O Y N
E T H F E C I U J S F N R P
L I G H T B U L B H W I I E
V U M O C O W D E R K O A P
E R A B H Y V R N O J N D P
S F A E U D N E I O G P S E
L I D E P R D S R M M L C R
S T O R R A C S A S L U L S
P C S M N T M I G O A M E E
I E I O R S E N R S Y G C S
C L M T P U A G A Q N U H A
K E A U I M T O M A T O E S
L R R H S I L E R T Z T E M
E Y S E V I L O E S A L S A
S V K O A P P L E S G G E J

Solution on Page 283

AARDVARK
ANIMALS
BABOON
BIRDS
BUFFALO
CHEETAH
CONTINENT
CROCODILE
DESERT
DRY
ELEPHANT
FISH
GAZELLE
GIRAFFE
GORILLA
GRASS
HEDGEHOG
HIPPO
HYENA
IMPALA
INSECTS
ISLANDS
LEMUR
LION
MAMMALS
MONKEY
NATURE
OSTRICH
PARK
PLAINS
PYTHON
REPTILES
RHINO
RIVER
SEAS
SNAKE
TROPICS
WARTHOG
WILDLIFE
ZEBRA

African Wildlife

M Z M B E L S P P S D R I B
A E G A U F I N J Y X G I L
M B A L B F I O A T T O T N
M R Z A G K F L N K N H R G
A A E P Q R H A D W E T O T
L N L M A A H A L L N R P N
S E L I T P E R I O I A I C
T Y E E E R S D K L T W C H
S H E L U G O V L Y N W S I
T H E T E C I A S H O H N P
C R A D O M N R S S C M I P
E N E R G I U K A I G O A O
S Z C S M E N R R F C N L N
N F S A E S H T G X F K P I
I S L A N D S O R I V E R H
B S B A B O O N G D R Y H R

Solution on Page 283

ACOUSTIC
AMPLIFY
BAND
BASS
BLUES
BRIDGE
CHORD
COUNTRY
ELECTRIC
FINGERS
FLAMENCO
FRET
GIG
HEAD
HEEL
INLAY
JACK
LINING
MELODY
MODULATE
MUSIC
NECK
NOTE
NUT
OCTAVE
PEG
PICK
PITCH
PLUG
RELIEF
RHYTHM
RIFF
ROCK
ROOT
SADDLE
STAND
STRAP
TEMPO
TONE
TUNE

Play Guitar

Z G U L P V U C E V A T C O
K R C F I D R O H C O M A L
I G R L T Y X T O E H J I A
K I Q A C I S U M T A N N X
P C A M H F S N Y C I D L A
J H E E C T F H K N E Y A M
F E G N I S R E G N I F Y J
P E P C R I E F E F F I R T
P L I O T K T N B Q C L O A
F D Q L C T U K L O A P C U
R D Y I E T A L U D O M K B
K A P M L R G N E P B A A V
R S P V E U T I S T A N D R
K O Z T B R I D G E D R A C
E N O T Y D O L E M B A T F
I N S T I M J A Q C B A S S

Solution on Page 283

ALARM
ALERT
BIRD
BLOW
BREEZE
CALL
COACH
COMMUNICATION
COMPETITION
CUE
FINGERS
FLUTE
HARMONY
JOY
KIDS
LIPS
LOUD
MELODY
MOUTH
MUSIC
NOISE
NOTES
PITCH
POLICE
PRACTICE
PUCKER
SHARP
SIGNAL
SONG
SOUND
SPORTS
START
STOP
TAXI
TEETH
TONGUE
TOOT
TRAIN
TUNE
WIND

Whistle

E D Q G O G Z E R O J T C Q
Z V N Y Z F I E C I L O P T
H O N D P Z K I D S M N Y D
S T R O P S S W N M Q G C A
O I E L I U Y I U L O U D E
U H C E M T U N E L S E S T
N S Z M T N I D O P H T M U
D T C O A C H T U M A I O L
S O G E A T A C E R R X U F
C P U T Z R K L T P P A T I
E S I O N E T E L I M T H N
L O E L R L E R U R P O X G
N U G T T A P R A C T I C E
F E B L O W B L B I R D E R
V O V X O N A J L A N G I S
J A K Q T F Y D B U W D U P

Solution on Page 283

ALARM
BAT
BED
BLANKET
CAMPFIRE
CANDLES
CLUB
CRICKETS
DANCING
DARK
DINNER
DREAMS
FIREFLIES
FIREWORKS
GHOST
INSOMNIA
MIDNIGHT
MONSTERS
MOON
MOVIES
NIGHTMARE
NOCTURNAL
NOVEL
OWL
PAJAMAS
PARTY
PLANETS
PREDATORS
QUIET
RACCOONS
REST
SLEEP
SLIPPERS
SNORING
STAR
STORY
SUNSET
TOOTHBRUSH
VAMPIRE
WEREWOLF

Night Things

C Z P N A B U L C P E E L S
A U L O L D D A R K T E K S
N G A V A A I A I T S R Y U
D N N E R N C G C O O A T N
L I E L M C O R K W H M R S
E R T O O I S C E L G T A E
S O S O S N E R T N Z H P T
L N N Y T G I T S U N G R E
I S P D A F L T S E R I E K
P E A E R I F P M A C N D N
P I J W E R E W O L F O A A
E V A H S U R B H T O O T L
R O M I D N I G H T B M O B
S M A E R D F V A M P I R E
X H S Y X M O N S T E R S D
S T O R Y V Q U I E T A B E

Solution on Page 284

AEROBICS
BAT
BOAT
BOXING
CAMPING
CATCH
COACH
DANCE
EXTREME
FIELD
FISH
GOAL
GOLF
GYMNASTICS
HIKING
HOCKEY
HOME RUN
KARATE
LACROSSE
LEAGUE
MARATHON
NET
OLYMPICS
PLAYER
RACING
RALLY
REFEREE
RUGBY
RUNNING
SKI
SNOWSHOE
SOCCER
STADIUM
SUPER BOWL
TEAM
TENNIS
TRACK
WIN
WRESTLE
YACHT

Sports

E F I S H C A O C S S Q H Y
K T E N N I S A M N O Y C O
G C G U H Y M A G O C E T L
N Y A N G P R E S W C K A Y
I L M R I A R I O S E C C M
X L V N T C E E H H R O T P
O A G H A A A L F O F H P I
B R O S O S B R S E C X L C
W N Z C B M T S W A R T A S
H I K I N G E I Y I C E Y L
R U G B Y H N R C K W N E A
T L W O B R E P U S M C R O
E M E R T X E R U N N I N G
A W R E S T L E T A R A K O
M S T A D I U M D L E I F L
A Y U V Y Z B U S R F H L F

Solution on Page 284

AFTERNOON
APPLE
BAGEL
BANANA
BROWNIES
CAKE
CANDY
CARROTS
CELERY
CEREAL
CHEESE
CHIPS
CHOCOLATE
COOKIES
CROISSANT
DAILY
DIP
FRUIT
FUDGE
GRANOLA
HEALTHY
JERKY
KIDS
MORNING
MUSHROOMS
NACHOS
NUTS
OLIVES
ORANGE
PICKLES
POPCORN
RAISINS
ROLLS
SCONE
SEEDS
SPICY
SPREADS
TASTY
TOAST
TREAT

Have a Snack

W S L L O R A N G E L P P A
S E V I L O V N R I S I N V
P S E L K C I P A N A N A B
R F I Y D N A C N D S L C F
E A J E R K Y Y O W E V H R
A Y I O N H N Y L T I B O U
D C M S T O R R A C K R S I
S E H L I E C L F S O O E T
J R A I L N O S T P O W G S
U E W E P C S U E O C N D A
H A C J O S N R R P Q I U O
S L C H E E S E N C K E F T
E E C M U S H R O O M S Q R
E G T N A S S I O R C A K E
D A I L Y J V M N N P I D A
S B M S P I C Y T S A T O T

Solution on Page 284

ACRES
ANIMALS
BARN
CATTLE
CHICKENS
COMBINE
CORN
COUNTRY
COWS
CROPS
CULTIVATE
DAIRY
DUCKS
EGGS
FAMILY
FEED
FIELDS
FOOD
FRUIT
GARDEN
GOATS
GRAINS
GROW
HARVEST
HORSES
HOUSE
LAND
LIVESTOCK
MILKING
PIG
PLANTATION
PRODUCE
RANCH
SHEEP
SILO
STABLE
TRACTOR
VEGETABLES
WAGON
WHEAT

Farm Life

Y H N Q C G A R D E N E N W
B L O H C N A R Z H N S S H
W X I U I W F R U I T I C E
H H T M S B P O B A L Y R A
O S A C A E A M O O I R O T
R L T R F F O G Z D V T P O
S F N A I C H I C K E N S D
E E A E B B A C R E S U B J
S E L V I L T R A C T O R H
Q D P B P E E H S W O C Y N
S N E T A V I T L U C E R S
K O G I P T O G N I K L I M
C G G Y T S E V R A H T A T
U A S N I A R G R O W T D O
D W P R O D U C E F L A N D
S K D C O R N O R V G C B O

Solution on Page 284

ART
BASKET
BRACELET
BROACH
CLAY
COIL
CORD
CRAFT
CREATE
CRIMP
CUTTER
DESIGN
FANCY
FINDINGS
FUN
GIFT
GLASS
HOBBY
HOLE
JEWELRY
JIG
KNOT
LOOM
MAKE
NECKLACE
NEEDLE
PATTERN
PLIERS
PONY
PURSE
REAMER
SEED
SELL
SEWING
THREAD
TIE
TRAY
TRIM
WIRE
WOOD

Beads

Z J H B A S K E T S T A C R
H N V R S R E I L P S R E D
M O E A W X P L N M A A I R
A X L C Y S E E D F M B L M
N T I E K C U T T E R O A G
Y P D L F L G R R O E J O N
L O A E U I A I A J E N C L
L N A T S P N C F W W O O D
B Y W H T I H D E T A E R C
P M I R C E G L I O K F D M
G A R E D C R N G N I W E S
H K E A R Y B N U K G F S E
T E C D C B H R X F I S R L
Z R L N D B T H L V J U U L
E Q A L I O C E L N P L P I
M F Y Y M H Q P A K M L W Z

Solution on Page 285

ASSIST
BLOSSOMS
BUSINESS
CLASSES
CONSISTS
CROSSES
DISCUSS
DRESSES
FOSSILS
GLASSES
GRASSES
GUESSES
ISSUES
KISSES
LESSONS
LOSSES
MASSES
MESSES
PASSES
POSSESS
PRESSES
RESTLESS
SADNESS
SAUSAGES
SEASONS
SEESAWS
SENSES
SESSION
SICKNESS
SISTERS
SPLASHES
STRESS
SUCCESS
SUGGESTS
SUSPENSE
SWISS
SYSTEMS
USELESS
VESSELS

Look for *S*

S E S S E R P S Y S T E M S
O S E U F S I S T E R S T M
S A E K G O S L O S S E S D
E D S S S G S E S S E U G I
S N A T S D E S E A S O N S
S E W S E R R S I P P R E C
I S S I N E T E T L E S U U
O S E S K S S V Z S S I W S
N E U N C S L A T A S R S S
M S S O I E S L L U E P U E
A S S C S S E C N S L K S S
S E I S I S U N D A E I P S
S M O S S O L B S G S S E A
E N T Y R P X H Q E U S N L
S C R O S S E S E S N E S G
S U C C E S S G R A S S E S

Solution on Page 285

ACTIVITIES
ANIME
ART
ATTENDEES
AUTOGRAPHS
BOOK
CITIES
COLLECTIBLE
COMIC
CONVENTION
COSPLAY
CREATORS
CULTURE
DISTRIBUTORS
ENTHUSIASTS
EVENT
FANS
ILLUSTRATIONS
INDUSTRY
MANGA
NEW YORK
PASSES
PRESENTATIONS
PROFIT
PUBLISHERS
RETAILERS
SHOWS
TOYS
VENUES
VIDEO GAME
VOLUNTEERS
WEEKEND

Comic Book Convention

K O A Y A L P S O C I M O C
O K H Z E C I N D U S T R Y
O H C R E A T O R S H O W S
B P D I S T R I B U T O R S
V E P R O F I T V E N U E S
I L L U S T R A T I O N S S
D B P C N S U T I K T G L R
E I A U A H T N E V E I S E
O T S L F P S E I T I C E H
G C S T S A I S U H T N E S
A E E U Y R W E E K E N D I
M L S R O G K R O Y W E N L
E L Q E T O A P A N I M E B
P O N O I T N E V N O C T U
Z C V O L U N T E E R S T P
S R E L I A T E R A G N A M

Solution on Page 285

ANGLE
APERTURE
ART
BATTERY
BLUR
BODY
BUTTONS
CANVAS
CENTER
COPY
DEVELOP
DIGITAL
DISTANCE
FILM
FLASH
FOCUS
FRAME
GAMMA
HOOD
ILLUSTRATION
IMAGE
LENS
LIGHT
MEGAPIXELS
NEGATIVE
PERSPECTIVE
PHOTOGRAPHS
PICTURE
POSE
SECURITY
SETTING
SHOTS
SHUTTER
STUDIO
SUBJECT
TIMER
TRIPOD
VIDEO
VIEWS
ZOOM

Cameras

Y P O C P U U S W E I V L M
N H S A L F O C U S Y I S O
O O P O L E V E D B G D T O
I T R C A N V A S H H E O Z
T O S E C U R I T Y O O H B
A G U E T O B U T T O N S R
R R B M S N S D Y A D L E E
T A J A A L E R Y T G S L T
S P E R S P E C T I V E G T
U H C F D T E X T M L T N U
L S T B T R I R I A L T A H
L T L A U A I M T P S I S S
I U B T Q P M I E U A N F T
R D C I O G G M F R R G E X
O I J D D I S T A N C E E L
P O R W D P O S E G A M I M

Solution on Page 285

ACTIVE
ANIMAL
ATTIC
BARN
BLIND
BROWN
BURROW
CAT
CHEESE
COMPUTER
DARK
DISNEY
EAT
FIELD
HERBIVORE
HOLE
HOUSE
HUNT
JERRY
KITCHEN
MAMMAL
MICKEY
MINNIE
NEST
NOCTURNAL
NOSE
PET
PLAYFUL
PREY
QUIET
RODENT
RUN
SMALL
SNOUT
TAIL
TIMID
TRAP
VERMIN
WHITE
WILD

Mice

N H C L T S E N B X Z D C C
N O S E I W T O A C W V S I
V L J P M A O C R O D E N T
H E E S I I T R N M A L O T
H S R X D F N P R P R N U A
I U R M D L L N W U K E T D
N O Y Y I A A Y I T B H W P
Q H K W Y N M E L E E C E S
E P T F L R I K D R V T M J
C D U T L U N C B X I I Q E
X L D E A T A I R Z T K C J
D E P I M C V M S F C B V B
E I T U S O M A M M A L G H
K F A Q R N W O R B T I U L
C H E E S E E T I H W N T E
B T R A P R E Y X K T D I F

Solution on Page 286

ANIMALS
ART
BALL
BATS
BIKE
BLOCKS
BOOKS
BOXES
BUS
CHESS
COMPUTER
COWBOY HAT
CRAFTS
CRAYONS
DIRT
DOLL
FIGURES
GAMES
INSTRUMENTS
JUNGLE GYM
LEGOS
MUSIC
PAN
PLANE
PUPPET
PUZZLE
REMOTE
RUBBER DUCK
SHOVEL
SLIDE
SPOON
STICK HORSE
STICKERS
SWINGS
TEA SET
TOY
TRAIN
TRIKE
TRUCKS
WAGON

Fun Things

G B W W B O X E S S E H C T
I E N A L P Q J G W W B J R
T N N T G E S L A M I N A U
O E S O A O G R M K S N H C
Y S P T O H N O E N T L G K
B E T P R P Y A S K I R Z S
S M Z A U U S O P J C A I Z
H B Y Z B P M Y B V K I R D
O A Z G B M S E C W H S T T
V L X O E E E O N Q O K E S
E L O K R L M D C T R C S N
L K I U D P G Q I M S O A O
S R G L U O X N S L E L E Y
T I C T C A L B U S S B T A
F W E X K R W L M J Y W W R
J R E M O T E L S T F A R C

Solution on Page 286

ADVISORY
AUTHORITY
BANKS
BEIGE BOOK
BOARD
BUSINESS
CONDITIONS
CONGRESS
CONSUMER
CRISIS
DECISIONS
DEPOSITS
DIVIDEND
ECONOMY
EMPLOYMENT
FINANCIAL
FOMC
GOVERNORS
INDICATOR
LIQUIDITY
OVERSEEING
POLICY
PRICES
RATES
REGULATION
REPORT
RESEARCH
STABILIZING
SUPERVISING
SYSTEM
VOTE

The Federal Reserve

S D N E D I V I D R A O B S
D S S R O N R E V O G T B I
R E H H B G B U S I N E S S
E D C O V E R S E E I N G I
P S R I A Y U G M G Z A R R
O N A L S C Q Y E R I U E C
R O E E N I O B T A L T M F
T I S F T L O R S T I H U I
C T E O P O P N Y E B O S N
O I R M K P V P S S A R N A
N D E C R E G U L A T I O N
G N I S I V R E P U S T C C
R O T A C I D N I F I Y E I
E C O N O M Y R O S I V D A
S K N A B Y T I D I U Q I L
S T I S O P E D S E C I R P

Solution on Page 286

BANANA
BROWNIE
BUBBLEGUM
BUTTERSCOTCH
CAKE
CARAMEL
CHERRY
CHOCOLATE
COBBLER
COFFEE
CONE
COOKIE
COTTON CANDY
FLOAT
FRUIT
GREEN TEA
HARD
JUBILEE
LEMON
MANGO
MAPLE WALNUT
MOCHA
ORANGE
OREO
PEACH
PECAN
PISTACHIO
PRALINES
RAINBOW
RASPBERRY
RIPPLE
ROCKY ROAD
SANDWICH
SAUCE
SOFT
SUNDAE
TOPPINGS
VANILLA

Ice Cream for Dessert

E B M D Z M E E L I B U J U
I D U P R A S P B E R R Y T
K R G T L P I S T A C H I O
O A E W T L E M A R A C Y P
O H L O C E C U A S J D T P
C R B B H W R H B N N F I I
M I B N O A L S E A G Q U N
V P U I C L E P C R N O R G
A P B A O N M N E O R A F S
N L K R L U O E E C T Y N E
I E P F A T N R C K A C A A
L G E L T T O O I Y T N H D
L N A O E I N W O R B F C N
A A C A R E L B B O C B O U
U R H T S E N I L A R P M S
C O F F E E S A N D W I C H

Solution on Page 286

BAG
BEAR
BLANKET
BURGERS
CABIN
CAMPER
CANOE
CLIMBING
COMPASS
COOKING
COOLER
DRINKS
EXPLORING
FAMILY
FIRE
FISH
FOOD
FOREST
FRIENDS
GUIDEBOOK
HIKE
INSECT
LAKE
LANTERN
MAPS
NATURE
OUTDOORS
PARK
POND
RANGER
ROAST
SNACKS
STARS
STORIES
SUNSCREEN
SWIMMING
TACKLE
TENT
TRAIL
WILDLIFE

Camping

S T I H Z S E I R O T S J K
Y T E N G D J T S J X G G R
V L A N S N F I S H J N A A
E P I R T E I S A E I I B P
R S S M S I C M P B R K N E
E Q U N A R F T M L F O Y L
P X I N A F O I O I M O F K
M A P S S C L O C A W C B C
A S N L W C K A D R Q S L A
C K R A O I R S K T U U A T
N N E E T R L E C E U E N S
G I T K G U I D E B O O K A
F R N F I R R N L N R N E O
I D A O N H U E G I R A T R
R E L O O C A B I N F C E S
E B A D N O P R A N G E R B

Solution on Page 287

BAKING
BALLOONS
BAND
BARTENDER
BIRTHDAY
CAKE
CATERER
CLEANING
COOKING
DATE
DELEGATE
DESIGN
DESSERT
DINNER
DRINKS
EVENT
FAVORS
FLOWERS
FOOD
GAMES
GIFTS
GRADUATION
GUESTS
HIRE
INVITATIONS
LINEN
LOCATION
MANAGER
MEAL
MENU
MUSIC
ORGANIZE
PROMOTE
PUBLICITY
ROOM
SCHEDULE
SEATING
SNACKS
TABLE
THEME

Throw a Party

S T S E U G O R G A N I Z E
G N I N A E L C E V E N T Y
N D O O F M S T F I G A T R
I F L O W E R S E N G I E E
K I G F L A G E I E C D L G
O E N A P L R K L I N B A A
O T I V B H A E L E A M N N
C O T O I B D B T T E O T A
I M A R R T U R W S I D R M
S O E S T P A C A T E R E R
U R S N H B T T A S O N S E
M P K A D V I C I O U L S M
C O N C A A O G M O I I E E
A B I K Y L N R E N N I D H
K T R S E L U D E H C S F T
E T D E T A D N A B T V R E

Solution on Page 287

ATLANTIC COAST
BANKING
BEACHES
BELLEFONTE
BLADES
CAMDEN
CHESWOLD
CLAYTON
COLONIAL
DOVER
ELSMERE
FENWICK ISLAND
FORT CHRISTINA
HARRINGTON
KENT
LENAPE
MIDDLETOWN
MILLSBORO
NANTICOKE
NEW CASTLE
OCEAN VIEW
RESORTS
RIVERFEST
SELBYVILLE
SUSSEX
THE WEDGE
TOWNSEND
WILMINGTON
WOODLAND FERRY

Delaware

K B S T R O S E R H R V G E
E E G H N E D M A C E C N L
N A E E B L O R J M V O I S
T C K W F L R I M A O L K M
W H O E E I O V I N D O N E
I E C D N V B E D I O N A R
L S I G W Y S R D T C I B E
M W T E I B L F L S E A D N
I O N P C L L E E I A L N O
N L A A K E I S T R N B E T
G D N N I S M T O H V L S Y
T E X E S S U S W C I A N A
O B E L L E F O N T E D W L
N E W C A S T L E R W E O C
A T L A N T I C C O A S T L
E W O O D L A N D F E R R Y

Solution on Page 287

ALBUM
ALTERNATIVE
ATLANTIC
AWARDS
BAND
BERRYMAN
BRIAN ENO
BRITISH
BUCKLAND
CAPITOL
CHAMPION
CLOCKS
DRUMMER
ELECTRONIC
FIX YOU
GRAMMY
GUITAR
INK
MAGIC
MIDNIGHT
PARACHUTES
PARADISE
PARLOPHONE
PHIL HARVEY
PIANO
POPULAR
ROCK
SAFETY
SHIVER
SONG
STUDIO
TOURS
TROUBLE
TRUE LOVE
WHAT IF
WORLDWIDE
YELLOW

Coldplay

D U R A T I U G S H I V E R
A W A R D S Z H S I T I R B
T Y B A N D N A M Y R R E B
L E D I W D L R O W U L S A
A L N P S B R I A N E N O L
N L P O I D U T S C L P N B
T O T A H A S D T C O W G U
I W M E R P N R L P V H M M
C R A W R A O O U K E A I L
T E G O L N C L I O N T D O
R M I K I K A H R P T I N T
O M C C S R C T U A M F I I
U U O Y X I F O I T P A G P
B R P H I L H A R V E Y H A
L D H P A R A D I S E S T C
E B S A F E T Y M M A R G V

Solution on Page 287

ALLOY
APPLIANCES
AUTOMOBILES
BAR
BEAM
BRIDGE
BUILD
CAR
CUTLERY
GRADE
HARD
HEAVY
INDUSTRY
KNIVES
LOCKS
MANGANESE
MANUFACTURING
MELT
METAL
MILL
MINING
NAIL
ORE
PITTSBURGH
PLATE
RECYCLING
ROD
RUST
SCREW
SHIPS
SPRING
STAINLESS
STRENGTH
STRUCTURE
TOOLS
TUNGSTEN
VANADIUM
WIRES
WOOL

Strong As Steel

T V H E Y O L L A L S J N B
E G D I R B H C P L A T E E
H W O S E L I B O M O T U A
J I C E L S E O H A R D E M
E R W S T R T N P N K L U M
R E E E U E E P L U M I L L
U S R N C T L C D F D S P J
T L C A S I H I Y A K I S M
C C S G A N E C N C T O T I
U Z N N S D A A O T L I A N
R U C A P U V L S U E I I I
T E B M R S Y B A R M M N N
S R M R I T U D L I U B L G
L O O W N R A C K N I V E S
E D A R G Y Q V S G R U S T
S P I H S H T G N E R T S O

Solution on Page 288

ACADEMY AWARD
ACTOR
AMERICAN
CALIFORNIA
CHARLES
CHEVALIER
ENVIRONMENTALIST
FILM
GATSBY
IMAGE
JEREMIAH JOHNSON
LOLA
ORDINARY PEOPLE
OSCAR
OUT OF AFRICA
PHILANTHROPIST
POLITICAL
ROLES
SIBYLLE SZAGGARS
STAR
TELEVISION
THE CANDIDATE
THE NATURAL
THE STING
UTAH
WALDO PEPPER

Robert Redford

S B P J N O I S I V E L E T
R T H E C A N D I D A T E S
A J M R G H A T U C B T S I
G T H E N A T U R A L S E L
G Z A M I O P N E L A I L A
A W C I T O S V I I C P R T
Z A A A S U T C L F I O A N
S L D H E T A M A O T R H E
E D E J H O R L V R I H C M
L O M O T F S I E N L T Y N
L P Y H E A E F H I O N B O
Y E A N L F L P C A P A S R
B P W S O R O T C A U L T I
I P A O L I R E G A M I A V
S E R N A C I R E M A H G N
O R D I N A R Y P E O P L E

Solution on Page 288

Answers

P O V V S T O R Y E T O U Q
S F G I G G L E I S K G S T
U C A R D L X V Y O M K K G
X M D C M E O E H C I Y N W
G C N N E M O L O T S I A W
X N E X A N E C D O T E R I
A S O C H U C K L E A D P T
O B G S T I C K E R K U A T
H G U A L K L R A I E B F Y
S K E T C H G A M U S I N G
G Z S I D A S P M U Y N W J
Q E M R G M R I R P U A O R
J O O E I O S D L F O K L W
C L N L V Y H L L L E O C P
L I E I F O O P S A Y I N G
L V Y I H N W R Y V R G Y X

Funny Stuff

S Q R P I N F U S I O N L C
C P L A N T S T E L P O R D
E I S C E N T S F J E C E S
N E T H E R E A L V L L D E
I C O A V S C B I W A O I S
C T I D M T N T U H U V F O
I N L N O O A E N L T E F R
D A S R O R R I C S I K U E
E S Y U U S G A I N R Z S Z
M A T C C H A M O M I L E I
H E A L T H R R A G P L D R
T L A R O L F I T E S E Y O
A P R E D N E V A L T M F P
B M A S S A G E Q M U S K A
E S S E N C E L I T A L O V
E M U F R E P Y R O S N E S

Aromatherapy

X G Y D N A C N O T T O C S
S L C G G D N U O M U S I C
P O S K N A R F O S E P D O
R V D N I I F E P K E N C R
E E F A N S K L I A O A R E
T S F G N B A R N M T S T I
Z T F R I T T U A C U P S S
E A I O E S T I H P O E O A
L D N A T S D N A R G C C F
S I F U N I H H C P U T C E
N U I N R T C M H O D A E U
A M E I O E E K E I I T R T
C P L F C M M H E N R O A O
K I D O P L A O R T T R J B
S R F R O E G F H S S S J F
T E A M P H C A O C S Z O A

At the Old Ball Game

R O C K B R A D F O R D H T
T B E D E X P L O R E R T E
S Q U A N T O R E T N I W X
I N C A P E C O D K K G O U
N M A Y F L O W E R Y H R T
W L C C Y L A W S T V T G A
O A I A I Q D E E I J S C P
R V R G R L T N S O F P I L
B I E E E T G M H S L E T Y
S V M L L L I N A A E E I M
U R A E I R S I A S E D Z O
C U R S G M L D R S I W E U
C S H L I P E R M A N E N T
E S I T O G R A C M G L S H
S P H Z U G N I D N A L C T
S R H I S T O R Y N O L O C

Plymouth Colony

Keyboards

Fitness Club

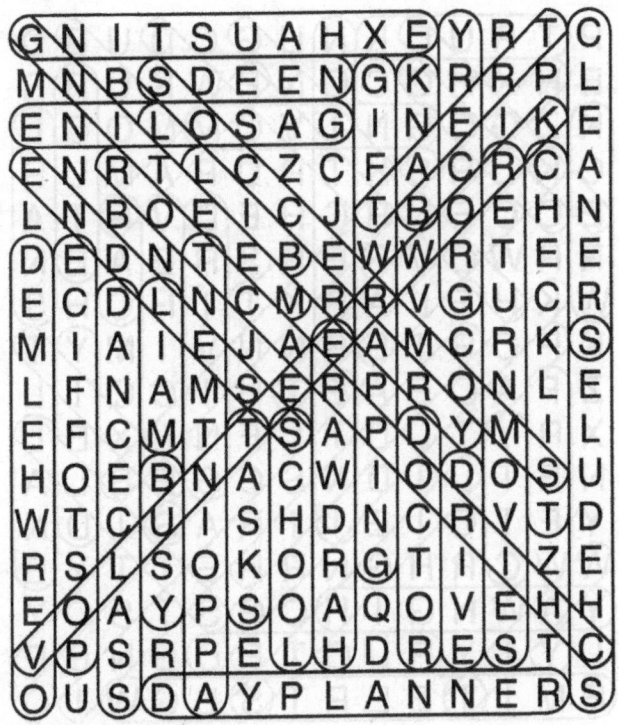

Errands

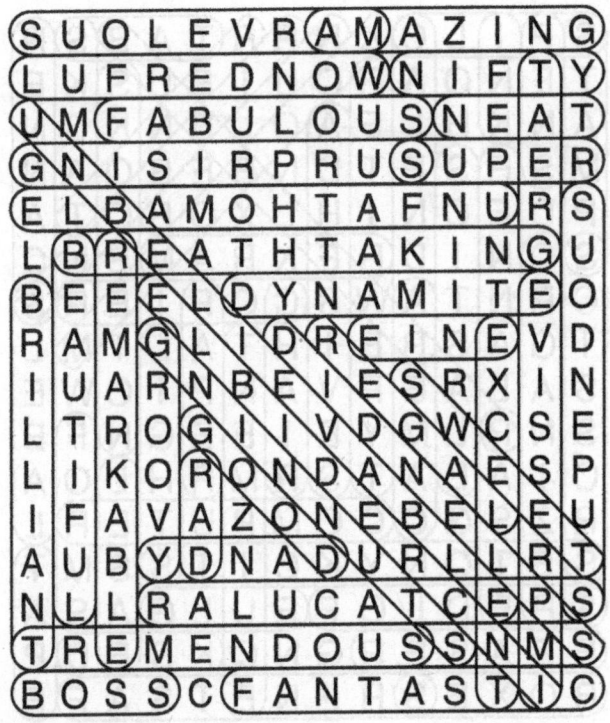

Really Amazing

D E N S E R O C A Y T C S X
Z W G U D Q C L R H U B T K
A K O Y T I S R E V I D E R
L S M R T K C A P S Z E E A
L I T Y C C T O O U S Z R C
X S N O R E I T N B J I T O
L U L E R U T L U C E G S M
R B I C S E E L B L R R F M
X W V I T G C U E U O E S U
M A E L A V N V D B P N T T
U Y L O T L A I H U E E A E
S I Y P I T N G P R O L D S
E X W G O I I T I P L L I I
U A H R N E D S Q E O K U O
M T Q G N T R A Y S M H M N
S P R A W L O F F I C E S H

City Living

G R A V I T Y O P G F S I V
E L I G A R F L N Q L P R N
I E C R O F A I L U R E W O
R A I N S T N E M E V O M I
E P A H S E A P R H N U S S
I V O A K C X U G S I D I O
K R O A T P T N I V E F M R
E C E I V C I R U T S F A E
R W O S U T B L A S T I N G
I N O R L E L C S O I L U O
F Y T E D O H O D D O C S L
D S M I C E P E G N N B T I
L D D C D K B E N G U A Q T
I A F A L L I N G O I O L H
W O E L L A F K C O R N R K
E L C G N I L P P O T P G G

Landslides

S P I L C K R R R T A B S R
T E N Q A R O U I E U S K E
A N K H L E A O L B N K C N
M S R S E T D N B E B O A N
P D E C N I H L X O R O T A
S O N I D R E K R A M B N C
C R N T A W S C O P I E R S
I G A S R E I H T A L T M L
S A L A E P V A N P I O W E
S N P L M Y E I E E G N F B
O I A E A T S R M R H L O A
R Z S G C C O M P U T E R L
S E T O N Y K C I T S S M T
S R E D L O F E U L G A S A
E R A S E R G N Q K S E D P
B O X E S R E N E T S A F E

Office Supplies

P T R U C K N U G C D U B D
E H X H G C O N P W K U R R
K Z O O G N I V O M M O O L
C K L R S K T R D P A M U R
E C C E N R C H E D V R T A
R R W O V S E R S R E A E N
W K H E L A S K T I H C H S
K P C R T B R N N V I M Y T
Z F A O E A E T H I C Q I L
X R Y T L D T L F N L X E L
N E T L I D N S C G E B L A
Y E I C I E I I R A S I D N
W W C R H G N R H E T T Y E
Y A W H G I H C G S T S O Y
L Y I Y R U O T E D B N B P
E M I T E E R T S L O W I O

Slow Traffic

B R E E D R A L L O C N W U
B F N S C N Q T X E I A U T
C B E D I R U A R A T O Y S
I D I E O C A T R E Z R H L
Q U G P D H R T R U A A I W
M B Y D O O I E E I N T H O
O A H M S U U N X D T A S B
O T E C U S M T L E P I E K
R H A Y P I L I R P C G O J
G E L D P N N O I A A N R N
C K T O L G E N I C I D E M
V U H U I R E T S I G E R F
E N D S E S H A M P O O N D
T E I D S N A I L S T W R I
H S A E L E N N E K L A W A
I K S A F E T Y W G Y O B J

Caring for Pets

C I L B U P E R M D A I S A
O E N R O B A A I N A E C O
U L A P A S N S U H A R T O
N D Q L A O T O U R I S M G
T I I P K R E B E L L I O N
R V N W I L D E R N E S S Y
Y E A C N O I T A L U P O P
D R T S S N E T N A B G L S
I S R E E J N P M H Y E R U
O I A C M A J A P A H I T T
D T D N M K N N K E V M K U
O Y E I J A V A C I P O U M
M A L V D R R A J T J D P I
O A P O N T I A N A K N A L
K Z F R A A Y M A L S I N E
A P A P U A N G K L U N G K

Indonesia

T U R K E Y S C H O O L Z R
G S E V A E L H A Y R I D E
O P T R S E A S O N A M C B
U I A A B R O W N P N Q O O
R D E K V S S E U H G R R T
D E W E H A L L O W E E N C
R R S E P T E M B E R B F O
E T W O R C E R A C S M E P
D B L E F C O S T U M E S U
I Z E O O F U O F Z L V T M
C S G M O S E O B P J O I P
G H I N T C L R P E F N V K
C N I S B I E A I T W A A I
G A O L A E R I F N O B L N
R H T G L H I K I N G V O L
G W E S L Y T N E L P A M C

Fall Fun

Y B B A H S S S P M A L W U
R E L C Y C I R T O I D A R
E K A S P E E K I N S B D R
T N N B T I L S F A A T R E
N R K U E E L C E R H P E T
A O E C S R K L Y H A C S R
L W T R O L U N O C T Y S O
P R S Y U S I S I W I O E O
A O H R T T T S A R S B L D
E R I E D U I U N E T D D C
H R R P A L S N M E R R N N
C I T A T M D E R E T T A T
U M B R E L L A D U S U C O
E B E D D I N G T A F R N Y
P H O N E G A T N I V N U S
S X S E O H S T J S E Z M P

Flea Market Shopping

G H N E Z O D O U G H T P T
K N F F J A L L I N A V Y W
A L I G K E H G N I C I D I
E P D R A T S U C L D A A S
R E P L A I N H V L N E Y T
S Z F L B R O W N I E S C Q
T A G F E C K I S F P H C I
R L R A O D Z H C R E A M B
A G E L I C U S A R O M A O
W R A S P B E R R Y S K P X
B T S L J I P Y T R E B L E
E Q E E K A C H O S A N E L
R T L O S N E V O L Y G O O
R L O T Q N A P K I N S U H
Y C R U L L E R O U N D G S
A Y G A F R Y R J L L O R X

Yummy Donuts

P L A I J R H M T Y F K W Q
A D B K R A D L O C T P Z M
B S R O O C U I K N I R D K
S E O A T X B G I N E G A Q
T D V I F T Z H T S R N D P
U Y A E A T L T U A O M V Q
O R L L R V P E I I I P E B
T E F A C A H N T L C Z R P
S N B G T N G I L A H E T F
A S T E A M B E E R W C I P
E L R R Z I R B R A N D S J
Y I N Q H Y R T S U D N I X
M P C O N S U M P T I O N F
Q A R E B M A D A E H J G Z
N P N U B L U O H O P S E L
H E P L E M L G V N F X K K

Beer

F A M I L Y F U N I A R T P
P C L O W N C H I L D R E N
E L E P H A N T L U T R N R
A M R Z R P M I D A F I T O
N O M Y I M R E B O O D E C
U N A D N O Y O R M G E R P
T K G N G C R M V I D S T O
S E I A B C E B D A C L A P
T Y C C A R N I V A L A I M
A S O N S E O G C Q G M N U
D T S O E G N T S B S I M S
I E T T S I H O H K U N E I
U K U T R T D P I E C A N C
M C M O O B M U J L R I T T
Q I E C H H G U A L I S R Q
M T S E T A E R G A C T S T

Ringling Brothers

A V E R F S A B P A W E A N
P F R B O X S S E S U O M E
P U F F M L W W G L O V E D
P L T E E I D A N A D R J M
C I F E C A L L I M T D F S
A T P I N T A C D I O D U E
M T E D E Z I F A N Y K N C
I E E P T B E O E A S S I H
L B D B T N R T N E H I C R
K L O C I L A C K A C A A U
H O I L K B E O K O T M R X
Y S E R B S R S L F A E X W
L F U Y T T L L L X R S M N
A K X R S Q A A I J C E R N
V P Y E B R P V Z E S A H C
K F W J V J C L G Y Y M I F

Pet Cats

S E T O S O E R C E T Z A R
K T H O Y R O T I R R E T E
I R A C M U C U T T A O S D
R L O T A U F F U L B D E R
M N A S E P D D C O A P W I
S O O S W B A A U S W U H V
N T R T C E R R L A G E T E
I Y R A G R L X T L R B U R
A A O P I N U L U A U L O S
T L C Z U A I C R M B O S A
N C O G O L D V E O S S I N
U Z S X C I L Z O S D L V T
O D A B S L R A C L R U O A
M S C A R L E T G A O N L F
X Q O D R O G O M A L A C E
G N I M E D O R E U Q S O M

New Mexico

X N S S P A J S E I D J V W
T V J I B O W L L E C N A D
A D R D K L O E T P O P Q D
S T A E S K V L M L N I F Q
N Y S E M A G U U A C C T G
T I O I R R J R S Y E N N N
Y K W T B A N T E R R I E I
S S E I V O M N U R T C M S
Q U P A R K U G M N H O E C
H S C S L E D D I N G S T C
U F D R F T C A Z E E K I H
N O G N I P P O H S L E C F
P B Z S E C O H M E Q N X A
C C I D K I X A L E R J E C
P V I Q I H R E T A D O W A
P R S O B I J F L O G Y M R

Nice Times

G W A T E R S G N I R P S H
I Z J G E T E M P E S T E I
S T O O B R E T T U G A D T
D N I W T N E L O I V R D O
U P U D D L E D K Y E X U R
O F G L Z H S K N A E L M N
L M N Z S G N I R U O P B A
C L I M A T E Y B A H S R D
A R D G E N T L E D D T E O
D E N W M O N S O O N H L O
S M I H N P I P U W C S L L
L M L S O O T H I N G R A F
I U B N I A R K E P H A I L
C S C U S T O R M O Y H F K
K H S P O R D E G U L E D S
O T O S E N A C I R R U H G

Downpour

T B S P I H C B O A R D X F
E V R E K O P T O K E N S N
A S O R D E E C B G I J V R
M E S S U A T H A W G V W U
S C L S D L P E D E A L E T
K E M A B N E S P I N N E R
N I O X U I E S E M G N Z O
I P N N N G N I D N O B T U
R G O F I S H G R L S C H B
D K P A P M P T O F C I A L
A S O M S B O S E H R B Y E
Y I L I K S E D A R A H C C
E R Y L C R V N O O B A T S
T C R Y A R C L U E B R Q D
I T I O N E P U Z Z L E S Y
C A R D S H U F F L E F I L

Game Night

C R R K E A V E X I T G Z T
M O O R Y I G K O S N P U N
A P L C T N G M W R I O Y U
L E Q O I T A F O W A R T E
S N D W R E R R D O P T U F
M M S E U R A O N O R A H I
C V O M C I G N I D I L S X
B T R O E O E T W R V D S B
O M N H S R R H E M A R F J
N E A U T O M A T I C C M H
K T T J E Z G N T O Y N Q D
C H E G G N I D L I U B H D
O G N S S S A L G T V R E E
L I T K O F M E T A L E C I
H L E S I L L Q Y P O T S C
H Y R E H K C A B K Q G P S

Open the Door

E G P E I N A W S E G O D Q
H T E C J S L D P H G N K X
U R C W S L I D E A O X L K
T A I O T K N U M P I H C S
G I E V N N L E K B E A C H
P L L K E C H I L D R E N O
D E T D R R E S G N G U B W
D X R G A Z H R I A S D A D
Z A U E P P H V T F Z R L E
G S T E Y C A R O U S E L L
N K A S N L P V R E R G B P
I C R E E K A L I R H G P O
W U B I K E S B I L N O O E
S D E E R V A U V E I J O P
A K O O R B Q S R E W O L F
O C F B Q S N O E G I P N O

Around the Park

P L A N E R E S B R Q C S I
Y E U S J T R R E T S A M Y
S S C K R G A T V L W S R E
F I N I S H U D E O G T L U
S H M L T O Q T L C E G P L
F C S L R N S C B U N E O G
O A L E G X E U Q A F R H G
W R O D F S T R O P P U S N
E V O L O U A T P T A S K I
R E T I M P R S E P M A R D
C D N A M Y D N A H A E O L
S A I N L R I O I X O M W O
L R O F I B T C L T C U X M
L T J L A U U D L I U B S K
A O L C E T H A M M E R O E
W O O D L E V E L A T H E X

Carpentry

N U R S I N G R A D U A T E
E D E S I G N I T U P M O C
C A R L U N I V E R S I T Y
R N O S C I T A M E H T A M
E C J O U R N A L I S M B P
M E A A A E U Y D U T S H S
M T M S A E O H E X L I T Y
O A B S M N C I V A L E E C
C C A O O I C S I O E D C H
I I C C L G A T S H C U H O
M F H I P N N O N O N C N L
E I E A I E P R E N E A O O
D T L T D H I Y P O I T L G
A R O E Y W A L X R C I O Y
C E R B U S I N E S S O G P
A C H I E V E M E N T N Y T

Academic Studies

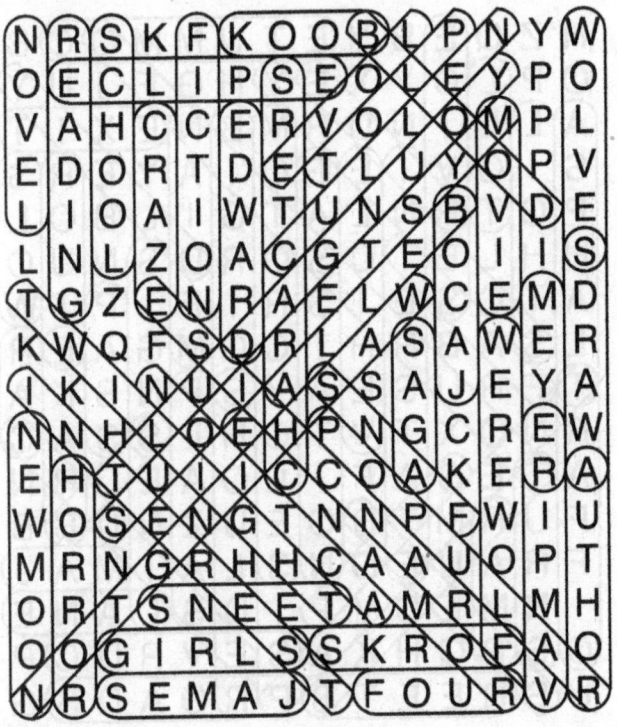

The Twilight Saga

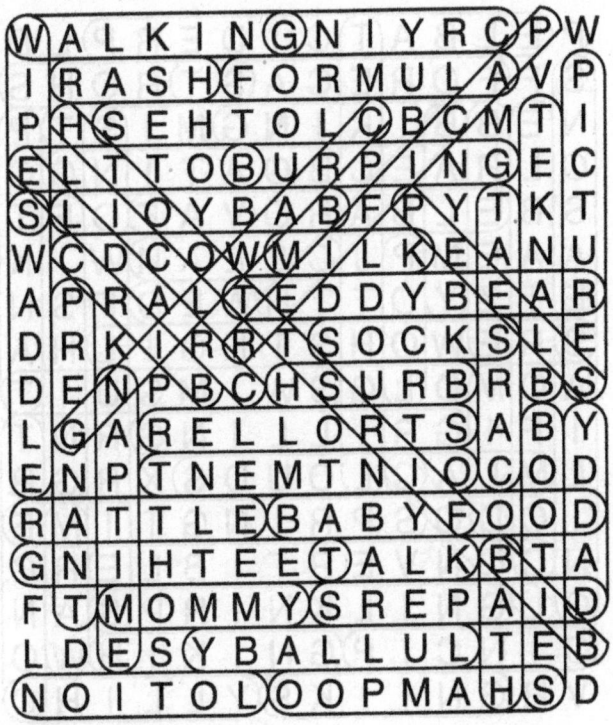

Baby Care

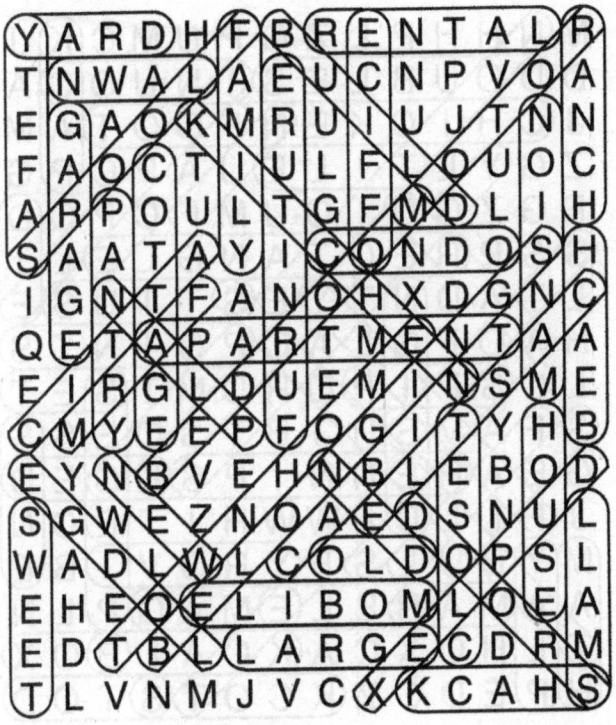

Your Abode

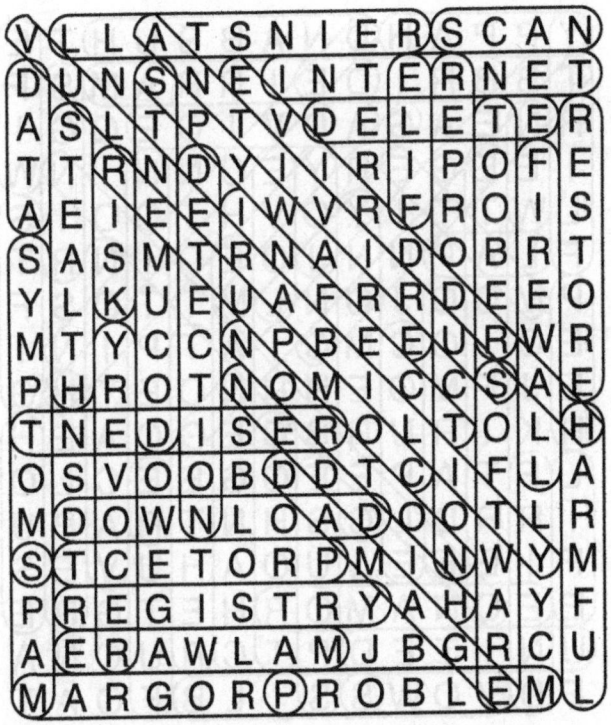

Computer Insecurity

P E L B A T C I D E R P L D
S F F O R E C A S T R O H S
N E B B I K I N G M I S T P
O L R A E C B O A T I N G O
S B E L B A R O V A F O F T
A A E M P J C L E A R W I K
E T Z Y O T T H W E D F S N
S R E W O H S T H G I L H A
A O M D L G S W I M S U I T
I F I G R I L L I N G R N T
L M L A C L O U D S X R G R
I O D O S P R I N G T I M E
N C O N V E R T I B L E R C
G L G N I L K N I R P S A N
C I N C I P G N I K I H W O
V R G N I I K S Y L L I H C

Check the Weather

H Z Q E B Y E T U M M O C B
O P L C Y X E Y H G F J U Y
A L L I N D R M B N E X I T
S I O V I E G O I A Y E R S
P G T R N L A T G I L B O L
H H L E T C S O R D S N U O
A T C S E I S R I E I P T W
L S A B R H T C G M G A E R
T F R U S E A Y S P N S K A
R N O X T V T C H L S S A C
A T E S A F I L O A E U R N
F U R M T D O E U Z N U B B
F R A U E O N S L A I M A J
I N M E C V P I D S L A N E
C S P Q H K A S E V R U C P
U S R E E T S P R O A D S G

On the Highway

Y P P A H D N A B S U H T E
T B B R I D E I R R A M S F
R N E A G A D V I C E Q G I
I E E G E R Y E O N N I N W
L W T T I Y O V H T O O I S
F L A P N N J O E C I N R T
P M C C J O N L M T T O S F
E O I O C M C I A T P I N I
E J F M O E H R N O E T H G
R K I R U R B C E G C A E H
L F T A P E E O G E E C L O
I R R D L C S H N T R A P U
F I E E E W U O A H U V E S
E E C N A M O R H E T G R E
U N I T E D P T C R U O N A
F D V O W S S I L B F O A T

Just Married

M N H H P L Z G P U M C K J
D D O U B L E S T N U O C A
J C H I C K E N F O O T A M
Z G Y L T I L E U A P C P G
F G Z G D I O U M F C P Q D
S S P R E C T A N G L E L I
L T A D N T Y E S T I U S E
H W O F G L A C P O I N T S
L C S P I P O R D M T S E T
S F A M S R J B T S O E S S
G E A R E N N I P S K C E D
J F L L D F W W H I T E C N
M Y B U L S F Y R O V I B E
A A M A R B L E M A G P L N
T L H O X C A K C A L B O X
H P E D C Z K C O T S T O D

Play Dominoes

T J G A E R B N K H A M M S
W R E D N I A N F R U I T S
W O R X E A N E V I L N E V
E M U F R E P W T K K T C S
P U T K E R I P S N I Y H H
S H A S R C K H I M R O T S
P M N L E V A R T N W U S L
J E L N J K D E W E G B B Y
Q H V J E S I C R E X E E N
V H A I J Z N O I T A C A V
Y N N M V S E H P E Z E C N
M L A C M E T E W O L W H M
M C E D F O R E R C O I M I
H P C F O D C J E B O L M W
M X O M I S Z K O W C L W S
Z C S P L A S H U G S D D B

Refreshing!

U S H O C K T S O P O W E R
V M L F C L I M B W I R E I
L C I H E I G H T S M N M A
C O G O V E R H E A D A E P
O M H S U B S T A T I O N E
A P T N E T E R C N O C V R
X A S E S I N S T E E L O P
I N S U L A T E D D L N L S
A Y S Q C E N I M R I E T E
L E T E T A G N L P I R A R
Y G R E N E B R E I I B G V
T N E C E I E L A T T U E I
E O E G R K L P E P N U Q C
F R T T R O P P U S H A F E
A T V O U T S I D E W O O D
S S W Y C D N U O R O A D N

Utility Pole

T E V A S H C I R M O N E Y
R T N E M Y A P Q E G L K D
U S M U S Y T L T P N C O U
S E E P M I F O R T U N E W
T V E L C B P O J L A E I W
G N D K B K E P D T R L L W
D I E U C M B R E P L R A Y
P T R A U T A I S K P E H V
L A J S O W U G L Q C T F H
A X E R I A N O I L L I M C
Y A N N U I T Y Y A S R P T
E K G Y P T J D E A X E A A
R C C P O X Y W Z S P M X R
A E O P C H A R I T I E S C
H H P A P E R F R I E N D S
S C Y H O U S E P L G T I Y

Win the Lottery

U C B Z O R T H O P E D I C
Y P I L S X A T M O Q L C I
X X Z N A R G S M L P D T N
E K D L D N X E L Y R X H E
F M E A W K K R D E C O R G
R R H O E E T E A S E G O R
Y I D W K H R M T T O P W E
Q F N H G I O U R E V O C L
I K L I S A F O S R H K B L
U M F T L F M L B C I F E A
N N P E I E O O U N A V D O
E I I N N A C O G F A S N P
E T G U E T C I E R F D E Y
U A O H N H S G T C O Y C H
Q S D U T E L B R P A N K F
M J T Y D R I A H C M L G U

Pillows

K S G I F T S G S S H B L D
L E B A L K N M S P R I E W
U S P S R I R E A O N L V E
B A K E K O R R L E I L I U
A H L C F D C E C V S S E L
N C A R D E L L E C N A C I
O R S A L A E R M R O P E A
T U K S C E P A T E I E R M
I P A S S P O R T D T O T E
F A B U B B L E W R A P I T
Y C O U N T E R O O T L F E
L K X T D T V S S Y I E I R
A A E R U S N I H E V E E Y
J G L E T T E R I N N C D J
D E G A T S O P P O I D B Z
Z T R U C K S T A M P S D G

Post Office Stop

E T T S T J T D Y R S S R Q
O X S D K L E N N T P I A G
L M H T E I E E O A U R C B
J U Z N O S R R T T B A C I
C S G W F R I T S A N P E X
S T N A P L E G G I N G S B
H Y D D A R I S N L C S S T
H L W T N M C H T O L C O U
R E E P S A A O U R S H R A
N S M S L Y R T S U D N I R
T S E E G A U B E T C S E A
Q R D K L R H J S R U L S E
D O A U E N H E E I I M C W
M L P R U N W A Y H L A E I
V O G U E H T N T S L K L B
P C U T Q E V S C A R F I H

Fashion Trends

G U F M K E T T L E S A L T
P R S P E E V W L G B R Q M
F E I E L A O S G U E C I R
G S P L A T T E R N N X I A
Z B I P L R L N N I G C O W
S K K L E E E I A M R P H T
S P D A U R D X A E I U A D
R C I D K O O C M O D O O F
M E T L N I A M H E D S Z R
A O C E L R I P E E L R S Y
E H P I O S A U C E E P O T
T S Y N P N R T S T A S M T
S B I S S E L B A T E G E V
N A O A M A S W U E I Y L K
M E F I R E D L T O H R E M
Z T T V L B A T S A P T T X

Stovetop

G E W S P G N I E O N A C R
D D N O O D L E S S O N S E
O I O A J A C U Z Z I J D C
N L V K S U P O K F T R N A
W S S E N I Z A L W A T E R
A E E D O B Y O D U X R E I
V L M F R A A P G D A F R N
E G A L K T I E O E L M C I
S G G I E H F C G H E E S K
T O N P L I E A F I R U N I
R G I P L A B S E L B B U B
O B L E N U G T R I U Q S B
K E I R C H S A L P S M X O
E A A S U N S H I N E Y E A
H C S U R F I N G N I B U T
C H O S E S W I M Y A R P S

Water Fun

R A E M A R F V P T P L Z D
S S X K N A R C N A E R I T
G S A L T P E C I E R F U N
E I D F E P E I A S F A U L
L N R D E T S R H I O P D E
E G A A R T T C C P R M S E
T L S I F O Y U I I M D I H
N E C K Y F L S G F A L L W
U K V Y I T E H T P N E I M
T S W B C L T S W W C C U T
S H R I D E L O T F E N J A
W O G D H O B B Y I I A U L
B W A I C L O W N S V L G L
N S Q V E H I C L E Q A G N
T M Y R X H E L M E T B L P
R E J F M D H W S P O K E N

Unicycles

S E K A S P E E K N E K O T
U S E I R O M E M O V I E S
K G E V I T C E L F E R L D
C H A R M I N G F W Q A W O
I H A N D K E R C H I E F O
S C R S Y G J E W E L R Y H
E A N M C A N M I L G E R D
M R O S E N T I M E N T A L
O D I F R I E N D S I R E I
H S T N E V E I K D L O Y H
Y B I T T E R S W E E T R C
R V D J L L A C E R E W E S
A H A P P I N E S S F F T G
I T R C L R I N E V U O S E
D F T W N O I T A R E N E G
R E M E M B E R I S E D Y A

Sentimental Feelings

X T K N I R W C I R C L E S
A O G G O A L I B L A D E S
P U P G N I C A R N E W P P
P R N B R E T S O R K Z A M
R M Q O O M Y I U D S A D U
L O A A L F S G T E N H S J
E L A R L S I E E E I E L E
S C A D E F D T C P P L A X
R D R F R C I R N S S M L E
I T O R W T R N A E P E O R
A R U W O O H E L W S T M C
P O T K N O N Y A I K S K I
E P I P C H D S B T N C R S
A S N K C U I N C R I E A E
W H E E L S P L I B E O P B
M Y S I D E W A L K Q D N D

On Skates

E K A N S P R E D A T O R Y
E G O R G O N I L B O G O M
V A M P I R E L I V E D H M
D Z N I F F I R G V R B Y U
T E P F M Z L Y O U P A D M
N E M L D I C A A L N S R E
A I I O I I N T C A K I A R
T S G W N T N O C I Q L G G
U S B E H E M O T H T I O O
M E I R C Y N U S A D S N F
Z N G E R D H E D A U K Y R
O E F W A L R N V M U R O M
M R O X U P E L Y O G R A G
B I O H E G I A N T R O L L
I S T N E K A R K E M O N G
E C T L W R S A T Y R A C S

Scary Beasts

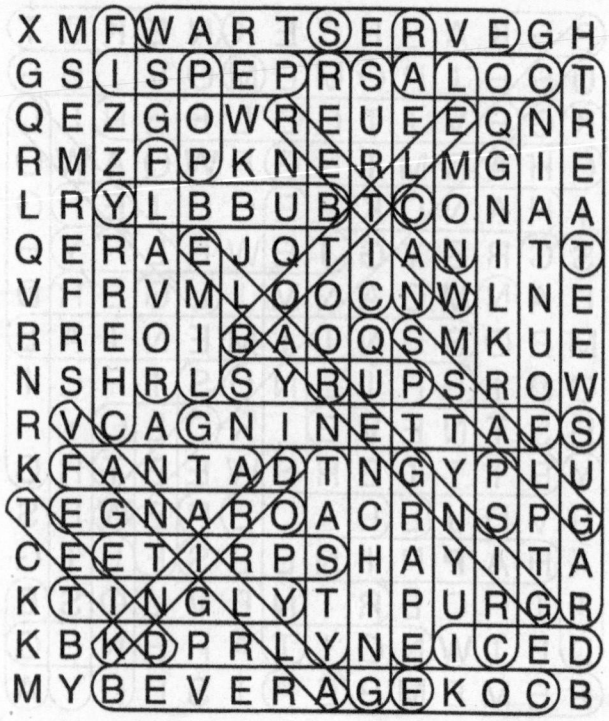

Soft Drinks

Short Words

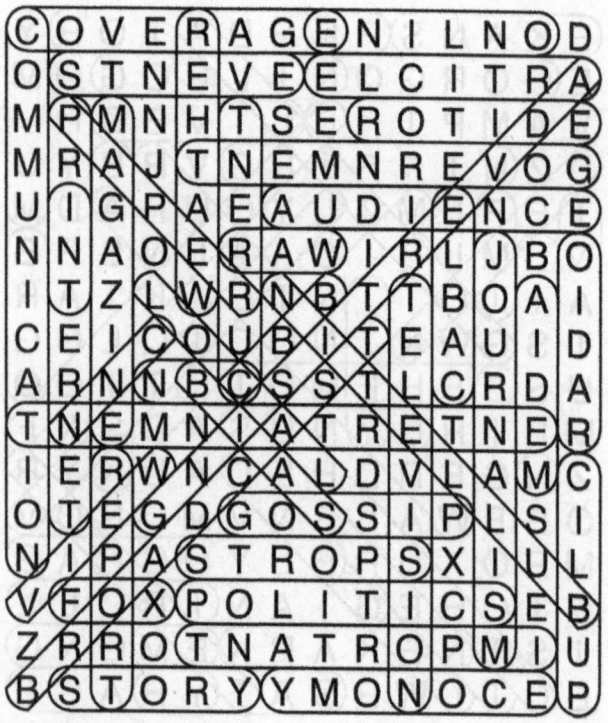

In the News

Vacuum Cleaner

K C K W I D E J M F M C Q P
P L G G S X R T T N E V E P
Z X I Z F H D E S G S T O D
L S F A F W I T S I J L B W
O A T V F A R R N S Y J F P
N K N R H K N O T E K C A J
G L L O I C F C S D S W M A
V B V I I P A T Y D T E S P
U Y R O S S E C C A N C R W
K W D T U R S C Y O O I G P
R G Y A F N R E T T A P W K
A L L R D A L O F F I C E Z
E I X J V S B C L O T H I H
W U U A I U P R W O R K T Z
O B T A A I C L I P C P G Q
B F P U N T I N E C K C A R

Wear a Tie

G S N O I T A R O C E D R P
W A N S W O R R A X E V O L
T H R O V F O E C A R D S A
B K I L I M A H D F C B E T
E I Z T A T A M O T A V S E
P S S N E N A O I F N A S S
I S C P G V D T L L D L T E
N E C E O Q I O I S Y E E H
K S P U C O W T E V U N E S
C G F R I E N D S Q N T W U
F A V O R S K S U E U I S R
O M U S E I K O O C F N U C
R E R Z T M B E N I M E B A
K S I F N N A P K I N S B K
S R I B B O N H E A R T R E
P G J O S G U H U K P P W R

Valentine's Day Celebration

S V C O U N T N E G N A T P
L S O L V E F O R M U L A O
A E N I S O C U I D F G D S
U L T C U D O R P T R E D I
Q G R A P H I N G H A B Y T
E N E L A M I C E D C R E I
T A S C I T A M E H T A M V
I N D U N V F R F E I B I E
N U I L A E R A M B O A R V
I M G U S C R O C F N C P I
F E I S U T N E I T O U Q T
Y R T E M O E G F M O S S A
E A S H G R U S P F T R K G
N L S I O R M U L T I P L E
O O R O E V T D I V I D E N
M T T S R E B M U N U M K W

Mathematical

R O L L S T O R R A C P E S
R E D I C A R D G Z R M D M
E V L L A B T E K S A B A A
N C B P C L S C B G N O R Y
F S A L P E Q O D M B L A F
A O T R E A U R P F E I P R
M S O U G S A A E C R V T I
I P T T F O S T C A R E O E
L P R I B F H I A R Y S A N
Y U O A U A I O N D T T S D
X M S T Y C L N S G I U T S
A P K U A E S L G A S R S U
L K L R L T R I M M I N G S
E I A K P T O S B E V I X J
R N W E S T S E U G S P A N
T R A Y S A W I S H B O N E

Thanksgiving

K P N L C R E T U P M O C E
C R A I M O B U L C K O O B
U I M N P A L O A L T O U P
Z C R F M I H O Y J Z B R V
P H I L A N T H R O P I S T
R A A U N R L C O E S L E N
O D H E D O A O T C I L M E
G V C N A F E L I E N I A M
R E M T R I W L M I T O T E
A R A I I L L E R V E N C L
M T X A N A R G O O R A H T
M I I L C C O E D M N I Y T
E S M H D A U G H T E R E E
R I A G N I K R O W T E N S
E N T R E P R E N E U R O Z
O G R O O M M A T E S D M S

Mark Zuckerberg

A S W E E T A L L Q F O O D
Y P R O C E S S E D J T L O
P E X U H S H E C N B E E T
U C X J M A T L U A I S A L
R I E U F E W W T F G F L P
E E T I H C G A T N U I E O
R S H C O N E N I B M O C R
U V A E I H A L N I S P S C
T M N K M L I F G H C D D W
L A O R P O S V T A I F N O
U O L A B W L U S R P I A R
C E Y G Q A O A B V O B L G
I N D U S T R Y S E R R S S
R A W S S E H P E S T O I S
G C U B A R E E D T E U L N
A C I R E M A H T U O S P C

Sugarcane

S U C C E S S T R O N G R S
V I S I O N F U N N Y X E G
J E G N I T F I L P U Y W C
O N T K M Z N E L B A P A C
Y C R D R R E E H C C J R L
W O O E I D P A L M H E D I
I U P N F E O G L L I M N M
N R P I F D H E R B E O I I
A A U M A I I R E R V C K T
L G S R L C D N U I E R X L
P E L E S A E E Q G I E U E
R R A T U T A S N H L V P S
O I O E R E L S O T E O B S
U P G D E D I L C L B L E Q
D S N O I S S A P D R E A M
C A R I N G M O T I V A T E

Be Positive!

C T P L R I W S W H I T E T
V W O L L E Y L E M O N K Q
Q Y T R A P A R A G U S S S
F L O U R I O T C A D A B P
N M O C H A N I K P M U P I
Q P G C H O C O L A T E F H
F E E D E C O R A T E D Q C
I C S T R A W B E R R Y E A
L A W N A R S R D V J G W R
L N E U E R S E B A N A N A
E I E T D C B I I A K L I M
D E T S O R F E R R B A K E
T A S T E H C O L O R F U L
B U C Y S P O N G E N E V O
S H A R I N G G N I C I B C
S M A L L I N A V S E R V E

Cupcakes

Creative Drawing

Astrology

Coffee Roast

Bouquet

T D H F O R E S T I B B A R
Q K T I W E A R E M A C N S
Q D I O K K E S I C R E X E
L I O S Z E C P K S W K Z V
Z D Y D R E X P L O R E U A
S G D N Q R A L D B F D N E
G L N U A C I A S S N I U L
I L I O K H E T K E P S S Z
W E W S J M N C S R T T D H
T M E H F A O T A V B U F W
R S C A L R S I N E S O E L
E G M P O B R G A C Q S D P
E U C E W I N S E C T N Q D
J B M S E R I N C O O R E I
G K Y A R D I J O P T E J R
G W B E A C H B A C R F Q T

Walk in the Woods

N N B E I S A G R O L L S U
Z R R F R S T N S S V K T G
S I H O U T S I D E C C P Y
C B A M C S N R G A R A G U
Y S M U L D I P N T T V U D
T E P C W A K S E I G G E V
R S W H B L P X O N U B S R
A I P A L A A U T G B D T E
P C B I P S N C H I P S S L
X E R R L D M A T C H E S K
K G V S G N I P P O T C F A
R X X K S E F H S I L E R E
O O Q N O I L K Y N L D K T
P P K I D R A T S U M O V S
H W D R A F M E A T M S W T
Y A R D R E E B D S G N O T

Tasty Barbecue

E F I L Y L I M A F U N G I
P R O K A R Y O T I C N S S
S Z O O L O G Y O H I R E M
U S Y S T E M P R V T Y I Y
N M S Y G O L O I B O H H R
E S W P N L M L G D Y C J O
G I W O E I N N I I R R O T
L N X C S C O V N A A A D S
B A C T E R I A R T K E O I
T G A M S D S E C S U S M H
S R L O E P I A S I E E A H
S O G D R H V H P T X R I D
A U A G I Y I C B O T A N Y
L P E N P L D R A R E N O M
C A N I M A L A E P L A N T
R A N K E C N E I C S M U T

Biology Names

U J J V F X G N M F V K S P
S D R E S S N E T T I M I H
T R I H S U L Q H S H L Q S
N B O O T S E H T O L C H K
E B Q V R P G S N O J O Y I
S M L T L E B M W H E D O R
E T A A R N Z S O S A P J T
R D A G Z D B I G N N I A A
P T H H D E U L N A S C C O
A O I E S R R B A A B T K C
N W Y U E S A N O N G U E I
T E O G S L S O A X K R T R
S L N I E A S T B I E E O W
B A H F U C S T A E W S T P
H L U T S K U A V L I G H T
P U R S E S K C O S F T K J

In the Closet

E L A N O I S S E F O R P R
M M Y R E G G I E W H I T E
A S I V A D S A M O H T M N
G N A G N O S A E S K E I R
R O T R O H S N N A W A K U
E T I A E R J O E J S M E T
G W T Y H V I S E O I B T I
O E L A N P I I R H R I O A
L N E S M J F R G N P L L R
S M S A B E A R N F U L B T
E A H K U R N O I O R P E O
N C C N L S S M V X R O R P
Z Y L H C E U K E K U L T C
D P F O R Y A N K A L I L A
A O N J O S H N O R M A N T
P P U R R C U S S I O N T S

Carolina Panthers

M N D Y P Y U I N N S A I L
Y O A F A Q L J L F E G A R
S R O E C B J I J A S N W E
D E B R C O T G N I D A O L
B F A R M O A I I E P O R W
J N Y Y Q T R S A K S B K A
E R O H S A E O T A O B E R
T O N K M L P J P L G D R T
T E L I O C A O A W I O S C
Y S P K N G I N C T H C A Y
L D O I R B R U A C A A M A
I S R G H I E A N C R C R K
G P T R V S I A C L B L T F
F L P E P P P H C Q O E R G
N G R I R F J K A H R A U C
Q S M P H N Z F V Q M T D S

Around the Dock

G E X P E N S I V E S U O H
N S T U N N E D X T R U C K
I N M U L A I C E P S G E E
D L O G N I L Z Z A D M U G
D V N I W U Y N T S E B R A
E S E Z S D S S Y R T E B S
W P Y I A N Y U A P A S T S
M L V H P A A L A T I C L A
U E N J P L D M E L N R T M
N N M R H S H S V I A A T F
I D O O I I T E T E O B F O
T I T L R N R S P B T O U R
A D S E E A I P R E S E N T
L G U X S D B E N T L E Y U
P L C J E W E L R Y N R K N
S E I B U R T R E A S U R E

Extravagant Gifts

E C G Q D U H G K A B F I T
Q Z U R Y W H Y G I E N E H
E L Y T S Y S H O W E R T T
R R G U G U S U T T B O C H
I E O E S O E P H J O U S K
B V L N W P N G R M D U H D
B A O A S C I S S O R S A N
O H T T X A H L R B C I I O
N S E T R E S P C E B E R L
P S M T T E R C Y I T I S B
E S S U O M A D O O T A A S
R P O L W B H T R M S R W P
M E C Y E L I P M A B R A A
I S X N L N I C L E A N S P
R A U W C O L O R X N F H Q
T Z T I R O N H E A L T H V

Hair Care

They Start with *A*

Running

Ready for Bed

Trademark Law

T X K D P Y A D E L B A T D
R S O T O H P L R C B J A T
L O O F S O U P G X I L F F
F Z C C F Q R P B O A R D E
I A C L T E A D W S E H P H
T S U E I P R I E S O O H C
E E I S E S N I T R P O E O
M D S R D E T A N I M A L S
E I I U D I U S T G T X P E
X S N O P R T R E S S E D H
I E E C A F S D I K C S C S
C C C N D I V A R I E T Y I
A A T I I S R B A I E U P D
N F N A O H G L H C N U L E
B E Q M F H C R K K R K W O
R K N T W O C R E V R E S B

On the Menu

A R V I S I T B W O U N D C
H O S P I T A L Q E R U C H
S T M S T I T C H E S R E E
E C A R E A B S C E S S L C
C O R K N Y A I L I T E D K
Z D F E S T N N I S D S E U
E E M F E N D F N E F E E P
M I M C I N A E I N E N N T
A P L E H C G C C O R E I T
I N J U R Y E T S B U G A N
S I S O N G A I D M T N R E
V A C C I N E O O U C I P G
G A L L S T O N E U A R S R
T O H S L L I P C S R Y F U
P H A R M A C Y N Y F S L E
W J V H P W E I G H T R U H

Medical Treatment

K A A A K V V E Y X B S F W
P H R C D W S L A R U T A N
D C O I O T E R W E I E P W
H L K O O E E G L T L E O P
B E D R V V I U L A D L O A
T P A E A E R O I I F W D V
W G L E L B R E P N E Y Q C
E P B D R T I F S R K D M S
I E D E N T G B H E I G H T
R A T O N B A Y A I R T E R
S A C E R U T C U R T S N E
W E M I R I I I B R R S E A
U E D E V C O A M A E A R M
C G V A R D N A S B L O G S
E I R L A K E O R A E V Y E
R G L L A W T H C I D R Y I

Dams

N R E N T A L V X M R N T I
A L E D I R W H E E L S R O
V T O Y O T A T G H Q Y A E
Y O B N W N A N G O I P V L
R O L U G L E E S E O C E P
D B R K S S N R C P O D L O
D O O R S I E O D M O W S E
R D I A G W N G M L W R T P
O E P N S O A E D A I C T A
F L E Z L A R G S O N H G N
G I M I C C F T E S D W C E
I V N O I S R E V N O C H L
B E D A V O V F T R W J E T
O R L T M I N I K Y S C V N
R Y R M R G N S T A E S Y H
H O N D A H E G R A L U A H

Drive a Van

B N C G N I L I A S J G P Y
C G N I W A R D F E N H O L
A N S G N I V A S I O G O R
R E T I R E M E N T N N L A
E M O C N I R N O I A I S E
E O V T L U A G O V K H I X
R H U Y S L R G V I E S D E
E R A I P A Y A D T G I E R
E E E W P S C A A C N F M C
T L Q H A A E R J A I N I I
N A Y E T R B E N E F I T S
U G N I N E D R A G L M X E
L I O S L I A T K C O C A K
O N M E N T O R I N G F L A
V G C O M M U N I T Y J E C
F R E E D O M G N I T I R W

Retirement Life

P W A V E S G T O W E L N Q
L L A B Y E L L O V F S U N
U O W T A R X A L E R S F C
N R U T E W C I N C I P L N
C S K N U R T M I W S L O V
H W D K G S J S O P B A A S
Z I T I A E D N E A E Y T T
Q M T O K R C I B R E B E S
G M C S H I A H L A K I K J
G I A L Y F S P A D L K C R
N N F L T N T L N I Z I U E
I G I E L O L O K S R N B L
P A D H A B E D E E N I D O
P E N S S B O A T I N G N O
A T A N N I N G N M U S I C
N R S Y O T F G I B I M W I

At the Beach

A W P T L A T E M L S W Z N
V T O N A R P O S Y V S Z F
K N H L E L O A E R Y E A F
F D R C B U T K Z A N T J B
K M N O A G L O H T O O M S
T O N E H O L E S I H N A O
C U G N I N R A E L P T U U
A T D L O G P C Y I M S X N
S H X D Y X L A H M Y A T D
E P N N N E L B M E S N E E
M I N V D P Y N I H S O N E
W E N O T I R A B B A T I R
K C L A S S I C A L R N R B
T E N O R R R K Z U B I A A
O W L T D G V L L E B L L N
S O F A I Y P M U S I C C D

Play a Saxophone

C S L L I B Y N A P M O C F
A A E A M Y P R O P E R T Y
P L R I B O T G S N C L F N
I G H E T O N I S T R E F G
T A N Y E I R E D W E A A F
A C S I D R L V Y O M S T I
L C U L S L R I Y R M E S N
J O I J I I O T T K O M E A
O U T N O I T A P U C C O N
B N G E N T E R P R I S E C
U T R A D E I E E F O K C I
Y T C U D O R P F V R F L A
I C I L B U P O Z E D P I L
N S T O C K O O L R V A E T
G R E S O U R C E S R E N T
T E E Y O L P M E Q U I T Y

Down to Business

D R A Y M T G F L O W E R M
J A D S U N L I G H T Z H Q
H K D E I F W P E A T I Z Z
B E M D E O X T V V I L U B
U F D O R S R I T S E I F U
L U L G O E T I I A C T T S
B Y L O E L O N V P O R A H
G R I S U U B E E L L E L S
A A K C T R S V O I O F E I
T I S D E S I T H N R H N R
I P O H E T E S N G F T T U
U O T V A R N V H A U W U O
R T O M M I N E R A L S O N
F L I X K D N W E A X P R S
G N D E E W A T E R H W P X
S T O P Q E W C J B G Z S Y

Growing Plants

C B B J E I G S N R K J S K
S T O P P S N K E T T L E A
M A F M T E C P S H C U O C
I B A E N O M E R D S N B T
R L R I L A M E E C E I T N
R E L C H J V V G R M A D A
O S C H B O A B N E A T B L
R W B O T W U A A H R R U P
E O E S O C F S H S F U I C
T L S R K K P S H A K C N P
U L C E R O W L P W T E O V
P I T I S I O A U U M M T A
M P A N T S Z B R N C F U C
O H A C D Y A E C E G D F U
C P H O N E S L I S N E T U
B R X E R D M U G N I B R M

Around the House

W A T E R P T T W I N E I L
A H E B T W E E Z E R S I F
S K F O C H L O R I N E C L
T D I O S U P P L I E S A A
H I N T I K G N I W E S N R
S A K S N R E T N A L A D E
N T B L A N K E T E D L L S
O S D C A N T E E N J G E E
I R O P E C A P A M N N S V
T I O M G G I B M I T U S O
A F F L I N T D L I A S A L
R E T H G I L D E G R W P G
A T A B T E N T P M P R M W
D T A S C I S S O R S C O I
I G U P K W H I S T L E C R
O E C E E L F P O N C H O E

Survival Kit

A S P Y D E R F G S U S D I
S P E E D Q V J H E V I S S
S P O R T S G I Y U R C U A
T O E M I C N T S B O M T P
S R T R O Y I O Y N K W A A
W E A U F L V H V F E D T N
P D P G A O I E Y A E P S A
C E Z U T U R B O S L S X M
O N Q K V T D M I T S M N E
M G H C I R U G A B D A O R
P I F B F U N T C N E L L A
A N L E D O M R S P C L S C
N E G A W S K L O V A E C E
Y B O X S T E R E H T A E L
P W O L U X U R Y E N O M T
M L O T N E M Y A P A S Q T

Driving a Porsche

R S S U A J N W E E K Y Z H
E E E O P X D R O C E R R R
P T S A T C T E K C O P E L
A O S D S I O B U S Y D B L
P N I M O O M M G C N N O A
P O O O E I N E I I M A T W
F V N N V L R C M N G R C E
S E P T E M B E R O G R O I
N M B H N F R D P S S E J V
L B A R T A B L E Y J R U R
I E R Y U A V A I L A B L E
R R V A C A T I O N N P Y T
P L A N N E R A U G U S T N
A W T D N U K Y T R A P N I
Z H T U U A L O G X R A E Y
G G J E C E D D D A Y M A U

On the Calendar

J H O L L E R O U T I N E F
U C C O L O R S R E E H C L
M A H A N D S P R I N G I A
P O E P P O P U L A R F T G
S C D N A T S D N A H O C S
M L S S I R A L L Y O O A A
R E S R N L G I Q R M T R P
O E T P E O E O N P S B P P
F H N A I T I D E I E A T L
I W U E V R T T I R S L N A
N T T L F I I O A S O L A U
U R S W L T T T P M P H H D
T A U D I T I O N S R A C A
E C C O P Y R A M I D O L N
A E N C O U R A G E N E F C
M T U M B L I N G A M E G E

Cheerleading

O M A N A W S Y C K O B O Y
Y F C T O S I E T S E N M E
U A U U H K T F E A T H E R
T L C K Y C E U K D U T T P
S C K Z Z I I K R M S A A I
D O O F N H N R M K L I R Y
K N O I T C N I T X E L G H
F C I A W I N G U S Y Y I K
P L U M A G E H V G O Z M B
X U Y D B S T N F I N C H O
O R N I T H O L O G Y E X I
V E R T E B R A T E A Z P G
W D S O S D R K R G G E N N
V O T O B A A C L V R I R O
K V L W O I P E J C S H P S
E E R T H G N P H A W K X M

Birds

W S U H F B E S N K D E E C
S H C L S S R R T L H W A M
A O I E I A A O A K C N R M
A R Z T N C E B W V I J S W
D T U W E T E L E N N E K L
U E M E S I C R E X E C C T
S W T M P B O A B S A S A V
G T A U H B M L D L A N B K
E L P L C A P U B H M H R H
L P D D K R A C B O F A C U
Y C G N E O N S T U B B Y N
T U O N S L I U R N I A R T
F E E W O O O M Q D N M E Z
L I A Y N C N M I G O P L L
W P A U S S Q W X N V H P R
S L O N G O D W T I I I P E

Cute Dachshunds

K C H A I R O S S E F O R P
D M A Y O R G A N I Z E R X
E N A C I R E M A R K F X V
B R O O K L Y N E A I S S J
A Y N M D P Q F M L H Z O R
T E O M P R O M I N E N C E
E M T I Z R L B G O T E I H
S S G T M I U N S I A K A C
S I N T F S I T E T D O L R
E V I E T S E A I A I P I A
R I L E U G L R C T D S S E
G T R C D V E C I U N T M S
N C U U O T F O L P A U V E
O A B I I E T M O E C O O R
C N C R E T N E P R A C T V
N E W Y O R K D R A N R E B

Bernie Sanders

L B G B U C X W H L L S D H
N I P N V S L O O P O E O J
I A M E O T N U O C O L O R
H K Z Q B L A N K E T G W T
T I N K X P A T T E R N N H
S A Y G P N S K C O S I Y U
U U P M S G G H K I O S M Z
K U U E E B N I C P R Y E D
M A T E R I A L S T C B T H
K S F I Q S L M M E I A A H
Y F A U I E E A B W D T L F
P P E K C W N S C O E F S V
U S T R A I G H T E O A G P
H R T O B N T H G I B R V Z
A X V W L G H O B B Y C O E
T W T O E G U A G I Y R E D

Know Your Knitting

F B J H Y W B O W L P P H Y
M E E N E J R D R A A T L H
F A R F A O V E N I T A R H
T S P U S V L N D M A E R C
Y C M R T L Z O C W P B R O
Z A N J O A D S B I O I U O
L S S R T N R A C K D P H L
F S T N E I D E R G N I I W
C E T L M K R S P M A B T N
S R B S R C N N H M P A I W
T O G N U U F E Y J E S M O
E L D P O R O G A E K T E R
J E A A G A C L P D A E R B
E M I S G G E A F J C S M Z
T L P L Y U H Z J S T I R V
B N O O P S F E J Y X R S Z

Bake It

E D A R T E K R A M W A G E
L T R E A S U R Y E C I R P
D O L L A R E T R A B Y U R
L E S J S P I H S R E N W O
A E E N D D E M A N D B N D
T T Q N O A N L O W E G S U
I A Y M O I C M S G S O E C
P R M N G I T O N E S V C E
A O O S O G T A N E C E R R
C P N B E I H A L S M R U T
O R O U A C T L V U U N O I
M O C Y X L I A K O G M S F
P C E E U L A V L C N E E O
E T A K E O V E R F O N R R
T S I N V E S T M E N T I P
E C N A N I F L A W S I S C

Capitalistic

G I G C I R T C E L E S O F
V E C I T C A R P R N L R I
T D C I T S U O C A O K E D
S R A T I U G T F S H C G D
R A U B A N D C A M P O N L
E O X M A D R U M S O R I E
K B A O P S N D P E L G S D
A Y V C P E S N L C Y R C A
E E O O I H T O I N X O L R
P K C U S N O C F E T U A A
S N A N E H O N I I U P R P
S O L T I C P M E D B I I E
A T I R D R O V R U A E N G
R A S Y A A P P L A U S E A
B B T R O M B O N E H B T T
S G N I R T S U O M A F N S

Make Music

B E N E F I T A R E A S Z S
S Y R G P R I V A T E P B T
T R F U M A R I N E W E I A
N O O F O S C A B T V C R E
A T R E Y T I S R E V I D R
L A E R O B T E D S W A L H
P R S M I A E C H N L L I T
E G T H T S E R U T A E F U
C I P I O C L U M W N L E N
N M B R D O I O A I O A C D
A A R D E A T S N L I R O R
H K K E G S P E I D T U L A
N E S T A T E R T L A T O F
E F A U N A R R Y I N A G I
M A M M A L S Z V F I N Y S
S L W O M H R E S E A R C H

Nature Reserve

O N N A T U R E P U B L I C
S I L V E R U T L U C E R S
E A C L I M A T E S C E A N
P P L D N A L N A N C D I I
B S U B T R O P I C A L N A
E X A S R S M V O N H I O L
A F N N A A O S A S T T G P
C E T I P R Z P C A R E A A
H D R A P W M I L U O R T T
I E A T I E T C L G A A A I
S R V N R I I O R G M T P V
T A E U L S H A U M E U O E
O T L O U C P A F R R R G F
R I P M U H Y J Q O I E N E
Y O F A Y R T N U O C S A E
H N G Q B O L I V I A W T B

Argentina

N I O C R L E E T S S O L G
O L E I U N A I D W D M G D
O W A F B U N S I O M A E X
P H D D Y S L E S D J T E G
S I L V E R P H C N E I O B
C R O L A M L S O I W A Y Q
M O G E J F A I B W E R M M
V R P I Z U T D A S L A W J
O R L P R C I D L A R E M E
Y I I G E H N R L B Y M W V
H M O L T R U N L X Z I E Y
P M F I A O M E I N X D V N
O E R T W M S Y G C R O W N
R T H T V E X G H N K A A E
T A G E Q U A R T Z G E T P
V L H R G L A S S A R B L S

Things That Shine

S L J E L L Y J Z M A E R C
H S E E K A C T R U G O Y N
E T H F E C I U J S F N R P
L I G H T B U L B H W I I E
V U M O C O W D E R K O A P
E R A B H Y V R N O J N D P
S F A E U D N E I O G P S E
L I D E P R D S R M M L C R
S T O R R A C S A S L U L S
P C S M N T M I G O A M E E
I E I O R S E N R S Y G C S
C L M T P U A G A O N U H A
K E A U I M T O M A T O E S
L R R H S I L E R T Z T E M
E Y S E V I L O E S A L S A
S V K O A P P L E S G G E J

Refrigerator Contents

M Z M B E L S P P S D R I B
A E G A U F I N J Y X G I L
M B A L B F I O A T T O T N
M R Z A G K F L N K N H R G
A A E P Q R H A D W E T O T
L N L M A A H A L L N R P N
S E L I T P E R I O I A I C
T Y E E E R S D K L T W C H
S H E L U G O V L Y N W S I
T H E T E C I A S H O H N P
C R A D O M N R S S C M I P
E N E R G I U K A I G O A O
S Z C S M E N R R F C N L N
N F S A E S H T G X F K P I
I S L A N D S O R I V E R H
B S B A B O O N G D R Y H R

African Wildlife

Z G U L P V U C E V A T C O
K R C F I D R O H C O M A L
I G R L T Y X T O E H J I A
K I Q A C I S U M T A N N X
P C A M H F S N Y C I D L A
J H E E C T F H K N E Y A M
F E G N I S R E G N I F Y J
P E P C R I E F E F F I R T
P L I O T K T N B Q C L O A
F D Q L C T U K L O A P C U
R D Y I E T A L U D O M K B
K A P M L R G N E P B A A V
R S P V E U T I S T A N D R
K O Z T B R I D G E D R A C
E N O T Y D O L E M B A T F
I N S T I M J A Q C B A S S

Play Guitar

E D Q G O G Z E R O J T C Q
Z V N Y Z F I E C I L O P T
H O N D P Z K I D S M N Y D
S T R O P S S W N M Q G C A
O I E L I U Y I U L O U D E
U H C E M T U N E L S E S T
N S Z M T N I D O P H T M U
D T C O A C H T U M A I O L
S O G E A T A C E R R X U F
C P U T Z R K L T P P A T I
E S I O N E T E L I M T H N
L O E L R L E R U R P O X G
N U G T T A P R A C T I C E
F E B L O W B L B I R D E R
V O V X O N A J L A N G I S
J A K Q T F Y D B U W D U P

Whistle

C Z P N A B U L C P E E L S
A U L O L D D A R K T E K S
N G A V A A I A I T S R Y U
D N N E R N C G C O O A T N
L I E L M C O R K W H M R S
E R T O O I S C E L G T A E
S O S O S N E R T N Z H P T
L N N Y T G I T S U N G R E
I S P D A F L T S E R I E K
P E A E R I F P M A C N D N
P I J W E R E W O L F O A A
E V A H S U R B H T O O T L
R O M I D N I G H T B M O B
S M A E R D F V A M P I R E
X H S Y X M O N S T E R S D
S T O R Y V Q U I E T A B E

Night Things

E F I S H C A O C S S Q H Y
K T E N N I S A M N O Y C O
G C G U H Y M A G O C E T L
N Y A N G P R E S W C K A Y
I L M R I A R I O S E C C M
X L V N T C E E H H R O T P
O A G H A A A L F O F H P I
B R O S O S B R S E C X L C
W N Z C B M T S W A R T A S
H I K I N G E I Y I C E Y L
R U G B Y H N R C K W N E A
T L W O B R E P U S M C R O
E M E R T X E R U N N I N G
A W R E S T L E T A R A K O
M S T A D I U M D L E I F L
A Y U V Y Z B U S R F H L F

Sports

W S L L O R A N G E L P P A
S E V I L O V N R I S I N V
P S E L K C I P A N A N A B
R F I Y D N A C N D S L C F
E A J E R K Y Y O W E V H R
A Y I O N H N Y L T I B O U
D C M S T O R R A C K R S I
S E H L I E C L F S O O E T
J R A I L N O S T P O W G S
U E W E P C S U E O C N D A
H A C J O S N R R P Q I U O
S L C H E E S E N C K E F T
E E C M U S H R O O M S Q R
E G T N A S S I O R C A K E
D A I L Y J V M N N P I D A
S B M S P I C Y T S A T O T

Have a Snack

Y H N Q C G A R D E N E N W
B L O H C N A R Z H N S S H
W X I U I W F R U I T I C E
H H T M S B P O B A L Y R A
O S A C A E A M O O I R O T
R L T R F F O G Z D V T P O
S F N A I C H I C K E N S D
E E A E B B A C R E S U B J
S E L V I L T R A C T O R H
Q D P B P E E H S W O C Y N
S N E T A V I T L U C E R S
K O G I P T O G N I K L I M
C G G Y T S E V R A H T A T
U A S N I A R G R O W T D O
D W P R O D U C E F L A N D
S K D C O R N O R V G C B O

Farm Life

Z J H B A S K E T S T A C R
H N V R S R E I L P S R E D
M O E A W X P L N M A A I R
A X L C Y S E E D F M B L M
N T I E K C U T T E R O A G
Y P D L F L G R R O E J O N
L O A E U I A I A J E N C L
L N A T S P N C F W W O O D
B Y W H T I H D E T A E R C
P M I R C E G L I O K F D M
G A R E D C R N G N I W E S
H K E A R Y B N U K G F S E
T E C D C B H R X F I S R L
Z R L N D B T H L V J U U L
E Q A L I O C E L N P L P I
M F Y Y M H Q P A K M L W Z

Beads

S E S S E R P S Y S T E M S
O S E U F S I S T E R S T M
S A E K G O S L O S S E S D
E D S S S G S E S S E U G I
S N A T S D E S E A S O N S
S E W S E R R S I P P R E C
I S S I N E T E T L E S U U
O S E S K S S V Z S S I W S
N E U N C S L A T A S R S S
M S S O I E S L L U E P U E
A S S C S S E C N S L K S S
S E I S I S U N D A E I P S
S M O S S O L B S G S S E A
E N T Y R P X H Q E U S N L
S C R O S S E S E S N E S G
S U C C E S S G R A S S E S

Look for *S*

K O A Y A L P S O C I M O C
O K H Z E C I N D U S T R Y
O H C R E A T O R S H O W S
B P D I S T R I B U T O R S
V E P R O F I T V E N U E S
I L L U S T R A T I O N S S
D B P C N S U T I K T G L R
E I A U A H T N E V E I S E
O T S L F P S E I T I C E H
G C S T S A I S U H T N E S
A E E U Y R W E E K E N D I
M L S R O G K R O Y W E N L
E L Q E T O A P A N I M E B
P O N O I T N E V N O C T U
Z C V O L U N T E E R S T P
S R E L I A T E R A G N A M

Comic Book Convention

Y P O C P U U S W E I V L M
N H S A L F O C U S Y I S O
O O P O L E V E D B G D T O
I T R C A N V A S H H E O Z
T O S E C U R I T Y O O H B
A G U E T O B U T T O N S R
R R B M S N S D Y A D L E E
T A J A A L E R Y T G S L T
S P E R S P E C T I V E G T
U H C F D T E X T M L T N U
L S T B T R I R I A L T A H
L T L A U A I M T P S I S S
I U B T Q P M I E U A N F T
R D C I O G G M F R R G E X
O I J D D I S T A N C E E L
P O R W D P O S E G A M I M

Cameras

N H C L T S E N B X Z D C C
N O S E I W T O A C W V S I
V L J P M A O C R O D E N T
H E E S I I T R N M A L O T
H S R X D F N P R P R N U A
I U R M D L L N W U K E T D
N O Y Y I A A Y I T B H W P
Q H K W Y N M E L E E C E S
E P T F L R I K D R V T M J
C D U T L U N C B X I I Q E
X L D E A T A I R Z T K C J
D E P I M C V M S F C B V B
E I T U S O M A M M A L G H
K F A Q R N W O R B T I U L
C H E E S E E T I H W N T E
B T R A P R E Y X K T D I F

Mice

G B W W B O X E S S E H C T
I E N A L P Q J G W W B J R
T N N T G E S L A M I N A U
O E S O A O G R M K S N H C
Y S P T O H N O E N T L G K
B E T P R P Y A S K I R Z S
S M Z A U U S O P J C A I Z
H B Y Z B P M Y B V K I R D
O A Z G B M S E C W H S T T
V L X O E E E O N Q O K E S
E L O K R L M D C T R C S N
L K I U D P G Q I M S O A O
S R G L U O X N S L E L E Y
T I C T C A L B U S S B T A
F W E X K R W L M J Y W W R
J R E M O T E L S T F A R C

Fun Things

S D N E D I V I D R A O B S
D S S R O N R E V O G T B I
R E H H B G B U S I N E S S
E D C O V E R S E E I N G I
P S R I A Y U G M G Z A R R
O N A L S C Q Y E R I U E C
R O E E N I O B T A L T M F
T I S F T L O R S T I H U I
C T E O P O P N Y E B O S N
O I R M K P V P S S A R N A
N D E C R E G U L A T I O N
G N I S I V R E P U S T C C
R O T A C I D N I F I Y E I
E C O N O M Y R O S I V D A
S K N A B Y T I D I U Q I L
S T I S O P E D S E C I R P

The Federal Reserve

E B M D Z M E E L I B U J U
I D U P R A S P B E R R Y T
K R G T L P I S T A C H I O
O A E W T L E M A R A C Y P
O H L O C E C U A S J D T P
C R B B H W R H B N N F I I
M I B N O A L S E A G Q U N
V P U I C L E P C R N O R G
A P B A O N M N E O R A F S
N L K R L U O E E C T Y N E
I E P F A T N R C K A C A A
L G E L T T O O I Y T N H D
L N A O E I N W O R B F C N
A A C A R E L B B O C B O U
U R H T S E N I L A R P M S
C O F F E E S A N D W I C H

Ice Cream for Dessert

S T I H Z S E I R O T S J K
Y T E N G D J T S J X G G R
V L A N S N F I S H J N A A
E P I R T E I S A E I I B P
R S S M S I C M P B R K N E
E Q U N A R F T M L F O Y L
P X I N A F O I O I M O F K
M A P S S C L O C A W C B C
A S N L W C K A D R Q S L A
C K R A O I R S K T U U A T
N N E E T R L E C E U E N S
G I T K G U I D E B O O K A
F R N F I R R N L N R N E O
I D A O N H U E G I R A T R
R E L O O C A B I N F C E S
E B A D N O P R A N G E R B

Camping

S T S E U G O R G A N I Z E
G N I N A E L C E V E N T Y
N D O O F M S T F I G A T R
I F L O W E R S E N G I E E
K I G F L A G E I E C D L G
O E N A P L R K L I N B A A
O T I V B H A E L E A M N N
C O T O I B D B T T E O T A
I M A R R T U R W S I D R M
S O E S T P A C A T E R E R
U R S N H B T T A S O N S E
M P K A D V I C I O U L S M
C O N C A A O G M O I I E E
A B I K Y L N R E N N I D H
K T R S E L U D E H C S F T
E T D E T A D N A B T V R E

Throw a Party

K B S T R O S E R H R V G E
E E G H N E D M A C E C N L
N A E E B L O R J M V O I S
T C K W F L R I M A O L K M
W H O E E I O V I N D O N E
I E C D N V B E D I O N A R
L S I G W Y S R D T C I B E
M W T E I B L F L S E A D N
I O N P C L L E E I A L N O
N L A A K E I S T R N B E T
G D N N I S M T O H V L S Y
T E X E S S U S W C I A N A
O B E L L E F O N T E D W L
N E W C A S T L E R W E O C
A T L A N T I C C O A S T L
E W O O D L A N D F E R R Y

Delaware

D U R A T I U G S H I V E R
A W A R D S Z H S I T I R B
T Y B A N D N A M Y R R E B
L E D I W D L R O W U L S A
A L N P S B R I A N E N O L
N L P O I D U T S C L P N B
T O T A H A S D T C O W G U
I W M E R P N R L P V H M M
C R A W R A O O U K E A I L
T E G O L N C L I O N T D O
R M I K I K A H R P T I N T
O M C C S R C T U A M F I I
U U O Y X I F O I T P A G P
B R P H I L H A R V E Y H A
L D H P A R A D I S E S T C
E B S A F E T Y M M A R G V

Coldplay

T V H E Y O L L A L S J N B
E G D I R B H C P L A T E E
H W O S E L I B O M O T U A
J I C E L S E O H A R D E M
E R W S T R T N P N K L U M
R E E E U E E P L U M I L L
U S R N C T L C D F D S P J
T L C A S I H I Y A K I S M
C C S G A N E C N C T O T I
U Z N N S D A A O T L I A N
R U C A P U V L S U E I I I
T E B M R S Y B A R M M N N
S R M R I T U D L I U B L G
L O O W N R A C K N I V E S
E D A R G Y Q V S G R U S T
S P I H S H T G N E R T S O

Strong As Steel

S B P J N O I S I V E L E T
R T H E C A N D I D A T E S
A J M R G H A T U C B T S I
G T H E N A T U R A L S E L
G Z A M I O P N E L A I L A
A W C I T O S V I I C P R T
Z A A A S U T C L F I O A N
S L D H E T A M A O T R H E
E D E J H O R L V R I H C M
L O M O T F S I E N L T Y N
L P Y H E A E F H I O N B O
Y E A N L F L P C A P A S R
B P W S O R O T C A U L T I
I P A O L I R E G A M I A V
S E R N A C I R E M A H G N
O R D I N A R Y P E O P L E

Robert Redford